आज के महानगरीय जीवन में फ्लैट और ऑफिस का खासा महत्त्व है क्योंकि एक महानगरीय व्यक्ति का लगभग सारा समय फ्लैट और ऑफिस में ही गुजरता है। इसलिए फ्लैट या ऑफिस का निर्माण वास्तु एवं फेंग शुई अनुरूप ही करना चाहिए, क्योंकि सकारात्मक ऊर्जा का प्रभाव उनके जीवन के साथ–साथ उनकी कार्यक्षमता पर भी पड़ता है। सुख–समृद्धि से भरा जीवन जीने के लिए विद्वान लेखक ने इस पुस्तक में वास्तु एवं फेंग शुई पर अचूक उपायों का वैज्ञानिक अध्ययन प्रस्तुत किया है।

वास्तु-फेंग शुई
फ्लैट और ऑफिस

कुलदीप सलूजा

डायमंड बुक्स

प्रकाशक : डायमंड पॉकेट बुक्स (प्रा.) लि.
X-30 ओखला इंडस्ट्रियल एरिया, फेज-II
नई दिल्ली-110020
फोन : 011-40712200
ई-मेल : sales@dpb.in
वेबसाइट : www.diamondbook.in

Vaastu-Feng Shui : Flat & Office

By : Kuldeep Saluja

समर्पण

यह पुस्तक मेरे पूज्य पिता

स्वर्गीय सरदार तारासिंह जी धौल

एवं

मेरी पूज्य माता

श्रीमती रामप्यारी धौल

को सादर समर्पित है।

अपनी बात

वास्तुशास्त्र एक प्राचीन विज्ञान है। यह किसी धर्म या संप्रदाय से नहीं, बल्कि सार्वभौमिक सत्य से जुड़ा हुआ है। जिसे हजारों वर्ष के अनुसंधान के बाद विद्वान ऋषि–मुनियों द्वारा लोकोपयोगी बनाया गया है।

वर्तमान मानवीय जीवन शैली में वास्तुशास्त्र का प्रभाव बहुत ज्यादा हो गया है। आज किसी व्यक्ति के जीवन में कोई परेशानी चल रही है, तो उसके दिमाग में अन्य बातों के अलावा एक बात जरूर आती है, कि जिस मकान में वह रहता है, या जहां वह कारोबार कर रहा है, कहीं उसमें वास्तु दोष तो नहीं है। वास्तु की बढ़ती लोकप्रियता के कारण आजकल भारत के हर शहर के हर गली–मोहल्ले में वास्तुशास्त्री नजर आने लगे हैं जिनमें से अनेक वास्तुविदों को ढंग से कंपास देखना भी नहीं आता। ऐसे विद्वान, वास्तु दोषों को अपने–अपने तरीके से ठीक करने में लगे हुए हैं, कोई वास्तुदोष दूर करने के लिए तुलसी का पौधा लगवा रहा है, कोई घर के आगे गाय बंधवा रहा है, कोई पिरामिड जमीन में गड़वा रहा है या दरवाजे पर लगवा रहा है, कोई तांबे की प्लेट में यंत्र गड़वा रहा है, तो कोई भगवान की मूर्ति, फोटो या श्रीयंत्र इत्यादि लगवा रहा है।

वास्तुशास्त्र प्रकृति के साथ समन्वय बनाकर प्रकृति में व्याप्त ऊर्जा से लाभ उठाने का माध्यम है। आजकल वास्तुशास्त्र एक फैशन बन गया है, जिस कारण इस शास्त्र के वैज्ञानिक आधार कम होते जा रहे हैं और अंधविश्वास बढ़ता जा रहा है।

भारत की प्रसिद्ध मासिक पत्रिका "गृहलक्ष्मी" में वास्तु विषय पर छपने वाले मेरे लेखों को पढ़कर मुझे पाठकों के अनेक पत्र मिलते रहते हैं। पाठकों की समस्याएं पढ़कर मुझे इस भवन विज्ञान के विषय पर पुस्तक लिखने की प्रेरणा मिली, ताकि वास्तुदोषों के कारण परेशान एवं भ्रमित पाठकगण अपनी

समस्याओं का समाधान वैज्ञानिक तरीके से कर पाएं, और भ्रम फैलाकर लूट खसोट करने वाले तथाकथित वास्तुशास्त्रियों के मायाजाल से बच सकें।

मैं हृदय से आभारी हूं वास्तुशास्त्र के विद्वान आदरणीय श्री गौरू तिरूपति रेड्डी, श्री ए. आर. तारखेडकर, श्री बी. एन. रेड्डी, श्री द्रोणमराजु पूर्णचन्द्र राव एवं श्री आर. जी. राव जी के लिखे 'वास्तु ग्रंथों' से मैं वास्तुशास्त्र के कई रहस्यों को जान पाया और मुझे लिखने की प्रेरणा मिली।

मैं यहां विशेष रूप से धन्यवाद देना चाहूंगा डॉ. रेशमी रामधोनी, एसोसिएट प्रोफेसर, अध्यक्ष हिन्दी विभाग, महात्मा गांधी संस्थान, मॉरीशस का, जिन्होंने मेरे द्वारा वास्तुशास्त्र पर लिखे कई लेखों का फ्रेंच भाषा में अनुवाद किया। फ्रेंच में अनुवादित लेखों को मॉरीशस मीडिया के प्रमुख अखबार Week End द्वारा प्रकाशित किया गया।

मैं अपनी पत्नी श्रीमती कुलदीप सलूजा और पुत्रवधू प्रिय शीतल एवं रश्मि के स्नेह भरे सहयोग के लिए आभारी हूं, जिनके सहयोग से यह पुस्तक आप तक ला पाया।

मैं प्रिय जितेन्द्र ठाकुर, प्रवीण कुमार, मनीष गोयल, अभय कुमार वर्मा, शशिकांत और सुभाष सरपाल का भी सस्नेह आभार व्यक्त करता हूं, क्योंकि उन्होंने अपनी लगन व मेहनत द्वारा इस पुस्तक के संपादन व कम्प्यूटर पर इस पुस्तक की पांडुलिपि को तैयार करने का दुरूह कार्य को पूर्ण किया।

अंततः मैं श्री नरेन्द्र वर्मा जी (प्रकाशक एवं निदेशक, डायमंड बुक्स) का तहेदिल से आभारी हूं जिनके विश्वास एवं प्रेरणा से मैं अपने गहन अध्ययन एवं शोध को आप सबके समक्ष ला सका।

– कुलदीप सलूजा

अनुक्रमणिका

विश्वव्यापी वास्तुशास्त्र एवं फेंग शुई

वास्तुशास्त्र और फेंग शुई दोनों ही किसी भी भवन या भूमि के आकार, अनुपात, दिशा तथा आसपास के वातावरण में पर्यावरण के साथ सामंजस्य बनाए रखने की भारत व चीन की प्राचीन कला है। वास्तु का प्रभाव मकान, दुकान, कारखानें, स्कूल, अस्पताल, धर्मशाला, सार्वजनिक कार्यालय, धार्मिक स्थान, नदी–नाले, श्मशान भूमि, अनैतिक धाम जैसे जुआघर, शराबखाने, वेश्यालय इत्यादि और यहां तक कि सड़क, चौराहा, तिराहा, गली, महल्ला, शहर अर्थात् पृथ्वी पर हर जगह समान रूप से पड़ता है।

आजकल जब भी कोई व्यक्ति नया घर बनाता है तो उसकी बाहरी व आंतरिक साज–सज्जा पर बहुत ध्यान देने के साथ–साथ कोशिश करता है कि उसे अधिक से अधिक सुख–सुविधा का लाभ भी मिले, पर इस बात पर कभी भी गंभीरता से विचार नहीं करता कि क्या यह नया भवन उसके जीवन में सुख, समृद्धि, प्रसिद्धि, स्वास्थ्य और शांति का मार्ग प्रशस्त करेगा कि नहीं, आप चाहे महल में ही क्यों न रह रहे हों, जहां सभी प्रकार की भौतिक सुख–सुविधाएं उपलब्ध हों पर वहां मन की शांति न हो, स्वास्थ्य अच्छा न हो, परिवार विभिन्न प्रकार की अनावश्यक परेशानियों से त्रस्त रहता हो, पारिवारिक जीवन दुःखी एवं तनावग्रस्त हो, परिवार में एक के बाद एक दुःखद दुर्घटनाएं हो रही हों तो बताइए ऐसे सुख–सुविधाओं भरे महल में रहने से क्या लाभ ?

इस संसार के प्राणी ऐसी परेशानियों से बचे रहें, और सुखद जीवन व्यतीत कर सकें, इसके लिए ही हमारे ऋषि मुनियों ने निरंतर खोज कर वास्तुशास्त्र की रचना की है। वास्तुशास्त्र के सिद्धांत पूर्णतः प्रकृति के अनुकूल

हैं। प्राचीन काल में जो मकान, महल, मंदिर, नगर इत्यादि वास्तुशास्त्र के सिद्धांतों के अनुसार निर्मित किए गए वह आज भी अपना गौरव बढ़ा रहे हैं। जैसे–आंध्र प्रदेश में स्थित तिरुपति बालाजी का मंदिर, बद्रीनाथ का मंदिर, माता वैष्णोदेवी का मंदिर, ताजमहल, खजुराहो के मंदिर, जयपुर शहर इत्यादि हैं। जो भवन वास्तुशास्त्र के सिद्धांतों के अनुसार नहीं बनाए गए वह समय के साथ खंडहरों में बदल गए।

हमें हमारे आसपास ही ऐसे अनेक वास्तु के उदाहरण देखने को मिल जाते हैं, जैसे हम किसी परिचित के घर जाते हैं तो, घर के अंदर जाने पर मन प्रसन्नता से नाच उठता है और वहां बार–बार जाने का मन करता है, जबकि अन्य किसी परिचित के घर के अंदर जाने के बाद घुटन महसूस होती है, भारीपन लगता है, वहां से जल्दी आने का मन करता है और फिर कभी उनके यहां जाने की इच्छा भी नहीं होती है। इसी प्रकार हम अपने आसपास देखते हैं कि पड़ोस के ही किसी मकान में आकर रहने वाले किरायेदार, जीवन के विभिन्न क्षेत्रों में सफलता प्राप्त करते हुए, अपना स्वयं का एक शानदार मकान बनाते हैं, और फिर किराये का मकान छोड़कर अपने बनाए नए मकान में रहने चले जाते हैं। कई मकान ऐसे भी होते हैं, जिसमें जो भी परिवार रहने आता है, वहां आते ही उनके परिवार में दुःखद घटनाओं का सिलसिला चल पड़ता है। परिवार के सदस्य आर्थिक, शारीरिक व मानसिक रूप से परेशान रहते हुए एक दिन मकान छोड़कर चले जाते हैं। कभी–कभी भव्य भवन का निर्माण कर उसमें निवास करने वाले आर्थिक रूप से संपन्न होते हुए भी वंशहीन रह जाते हैं, तदंतर में उस भवन का उपयोगकर्त्ता न होने से वह भवन खंडहर में बदल जाता है। कई फैक्टरी मालिकों को अपनी फैक्ट्री शुरू करते ही श्रमिक समस्याओं, दुर्घटनाओं, सरकारी छापों आदि से परेशान होकर फैक्टरी बंद करनी पड़ जाती है। इसके बिलकुल विपरीत ऐसा भी होता है, कि छोटे से स्थान पर कार्य शुरू करके कुछ लोग शीघ्र सफलता प्राप्त कर अपना कारोबार काफी बढ़ा लेते हैं, बहुत धनवान हो जाते हैं, और सुख–समृद्धि भरा जीवन व्यतीत करते हैं।

यदि किसी झोंपड़े को वास्तु अनुरूप बनाया जाए, तो वहां रहने वाले व्यक्ति को अपनी दैनिक आवश्यकताओं की पूर्ति के लिए परेशानियां नहीं उठानी पड़ती हैं। उसका परिवार तरक्की करता है और परिवार का जीवन धीरे–धीरे सुखद होता चला जाता है। इसके विपरीत यदि किसी बंगले का वास्तु बिगड़ जाए तो, वहां रहने वाले चाहे कितने ही रईस क्यों न हों, पर उन्हें अपनी दैनिक आवश्यकताओं की पूर्ति के लिए भी बहुत कष्ट उठाने पड़ते हैं। धीरे–धीरे उनके ऐश्वर्य और मान–सम्मान में कमी आने लगती है, साथ ही शारीरिक, मानसिक व आर्थिक कष्ट बढ़ने से उनका जीवन दुःखद होता चला जाता है। कुछ वास्तुदोष ऐसे होते हैं, जो शीघ्र ही अपना कुप्रभाव दिखाना शुरू कर देते हैं, अतः इन वास्तुदोषों को सुधारने में कभी भी विलम्ब नहीं करना चाहिए।

वास्तु में इस बात का कोई महत्त्व नहीं है, कि जिस भवन में आप निवास कर रहे हैं, वह भवन आपका अपना है या किराये का, स्थायी निवास स्थान है, या अस्थायी निवास स्थान। जैसे किराये का घर, फ्लैट, दुकान, अस्पताल, होटल इत्यादि। वास्तु हर जगह पूर्ण रूप से प्रासंगिक होता है। उदाहरण के लिए आप किसी नाव में यात्रा कर रहे हैं और उस नाव में सुराख हो जाए तो आप निश्चित ही डूब जाएंगे। अब वह नाव आपकी अपनी हो, या किराये की हो, या आप सिर्फ नदी पार करने के लिए उसमें बैठे हों, इससे कोई फर्क नहीं पड़ता।

इसी के साथ वास्तु के ज्ञाता को भी हमेशा वास्तु में दो चीजों के प्रति विशेष संवेदनशील होना पड़ता है। एक, जो लोग वहां रहते हैं उनकी जरूरतें क्या हैं? दूसरी, उस परिसर की जरूरत क्या है? क्योंकि भवन आखिर उस व्यक्ति के लिए ही है, जो वहां रहता है। योग्य वास्तुशास्त्र ज्ञाता वही है जो उपलब्ध साधनों के भीतर ही भवन मालिक की आवश्यकताओं की पूर्ति और वास्तु सिद्धांतों का उचित समन्वय करता है।

भारतीय वास्तुशास्त्र

भारतीय वास्तुशास्त्र का मूल आधार विश्वव्यापी पंचतत्त्व पृथ्वी, जल, अग्नि, वायु और आकाश है। सम्पूर्ण ब्रह्मांड और हमारा शरीर भी इन्हीं पांच तत्त्वों से बना है। इन महातत्त्वों के अनुरूप घर को बनाना, सजाना, संवारना ही वास्तु कहलाता है। वास्तुशास्त्र, पृथ्वी पर रहने वाली चुम्बकीय प्रभाव की धाराओं एवं सूर्य से मिलने वाली ऊर्जा का वैज्ञानिक तरीके से उपयोग कर अधिकतम लाभ प्राप्त करने का विज्ञान है, इस हेतु यह हमारा मार्गदर्शन करता है। जिससे सूर्य से मिलने वाली सकारात्मक व ऋणात्मक ऊर्जा का सही अनुपात में उपयोग कर हम सुख, शांति, समृद्धि और वैभव प्राप्त कर सकें। यदि आप पांच तत्त्वों में से तीन तत्त्व पृथ्वी, जल व अग्नि के साथ सामंजस्य बैठा लें तो वायु और आकाश के साथ सामंजस्य अपने आप बैठ जाता है।

चीनी वास्तुशास्त्र फेंग शुई

चीनी वास्तुशास्त्र को फेंग शुई कहा जाता हैं। फेंग शुई चीन का लगभग पांच हजार वर्ष पुराना प्राचीन विज्ञान है। फेंग शुई का शाब्दिक अर्थ होता है Wind और Water अर्थात् हवा और पानी। किसी भी भवन के अंदर इन दोनों के सही संतुलन से सकारात्मक ऊर्जा बढ़ती है जिससे सुख–शांति और समृद्धि प्राप्त होती है। फेंग शुई के अनुसार मनुष्य का भाग्य तीन प्रकार का होता है।

- **स्वर्ग से प्राप्त भाग्य** – वह भाग्य जो मनुष्य को पिछले जन्मों के कर्मों के अनुसार प्राप्त होता है।
- **मनुष्य द्वारा प्राप्त भाग्य** – वह भाग्य जो मनुष्य अपने कड़े परिश्रम व लगन से प्राप्त करता है। इसे कर्म भी कहते हैं।
- **पृथ्वी से प्राप्त भाग्य** – यह वह भाग्य होता है जो किसी भी भवन के आकार, अनुपात, दिशा तथा उसके आसपास के वातावरण, घर, दुकान, ऑफिस इत्यादि से प्राप्त होता है। हम फेंग शुई की सहायता से प्रकृति में विद्यमान सकारात्मक एवं नकारात्मक शक्तियां जिन्हें चीन में यिन (Yin) एवं यांग (Yang) के नाम से जाना जाता है, का संयोजन इस प्रकार करते हैं कि यह शक्तियां मानव जीवन के लिए ज्यादा से ज्यादा उपयोगी हों, ताकि मनुष्य सुख, समृद्धि, मानसिक सुख–शांति, स्वास्थ्य आदि को अधिक से अधिक प्राप्त कर सके।

यिन (Yin) एवं यांग (Yang)

भाग्य और वास्तु

भाग्य से बढ़कर कुछ नहीं होता। यदि भाग्य अच्छा हो और वास्तु खराब हो, तब भी व्यक्ति जीवन में सफलता प्राप्त करता है, पर यह सफलता काफी मेहनत व कठिनाइयों के बाद मिलती है। भाग्य अच्छा हो और वास्तु भी अच्छा हो, तब व्यक्ति जीवन में खूब सफलताएं हासिल करता है और यह सफलताएं बिना किसी विशेष मेहनत व परेशानी के प्राप्त हो जाती हैं। यदि भाग्य खराब हो और वास्तु विन्यास अच्छा हो, तो दुःख व परेशानी वाला समय कम तकलीफ के व्यतीत हो जाता है, पर भाग्य खराब हो और साथ ही वास्तु भी खराब हो, तो व्यक्ति का जीवन काफी कष्टप्रद हो जाता है, और यह खराब समय बड़ी कठिनाई के साथ निकलता है।

यह तय है कि दिशा से दशा नहीं बदली जा सकती, परंतु खराब दशा में दिशा ठीक करके राहत जरूर पाई जा सकती है। कई बार लोग कहते हैं कि जो भाग्य में होगा अपने आप मिल जाएगा, तो वास्तु के चक्कर में क्या पड़ना। दोस्तों जब भाग्य में लिखा होता है तब ही हम बीमार पड़ते हैं, और बीमारी में तुरंत डॉक्टर के पास जाकर अपना इलाज करवाते हैं, क्यों? यदि हमारे भाग्य में पुनः स्वस्थ होकर जीना लिखा है, तब तो हम बिना इलाज के ही अपने आप ठीक हो जाएंगे। पर हम भाग्य के भरोसे नहीं बैठते। उसी प्रकार खराब भाग्य के कारण शारीरिक, मानसिक व आर्थिक परेशानियां चल रही हों तब वास्तु के माध्यम से निश्चित ही बहुत राहत पाई जा सकती है। भाग्य को बदलना हमारे हाथ में नहीं है, पर वास्तु विन्यास ठीक कर सुखी जीवन व्यतीत करना हमारे हाथ में है और यही कर्म है।

आस्था और वास्तु

विश्व की सभी सभ्यताओं में धार्मिक प्रतीकों के प्रति बड़ी आस्था है। भारतवर्ष में भी स्वस्तिक, ओम्, श्री, पंचागुलक हाथ, 786, ओंकार इत्यादि धार्मिक प्रतीकों के साथ–साथ विभिन्न प्रकार के यंत्र जैसे लक्ष्मी यंत्र, श्रीयंत्र, कुबेर यंत्र, काली यंत्र, सूर्य यंत्र इत्यादि के प्रति अत्यधिक आस्था एवं श्रद्धा है।

अधिकांश पढ़े–लिखे लोग समझते हैं कि अंधविश्वासी और कर्महीन लोग ही तावीज, रुद्राक्ष, अंगूठी, यंत्र आदि धारण करते हैं लेकिन सच्चाई यह है कि ऐसे प्रतीकों को पहनना वाकई लाभदायक है। इंग्लैंड के हर्टफोर्डशायर विश्वविद्यालय के प्रोफेसर रिचर्ड वाइजमैन के नेतृत्व में कुछ शोधकर्त्ताओं ने तावीज, रुद्राक्ष, अंगूठी आदि धार्मिक प्रतीकों के लाभकारी पक्षों का आकलन किया। रिचर्ड वाइजमैन का कहना है कि, इसे पहनने से लोगों की नियति में वाकई सुधार आता है।

निश्चित ही इन प्रतीकों एवं यंत्रों का प्रयोग लाभदायक रहता है, उससे मानव की सकारात्मक सोच विकसित होती है। वे अपने भविष्य के प्रति ज्यादा आशावान होते हैं। इन प्रतीकों का उपयोग करने वाला व्यक्ति निराशा से मुक्ति पाता है व उसमें आत्मविश्वास की भावना जागृत होती है।

आत्मविश्वास से प्रेरित होकर व्यक्ति अधिक मेहनत करता है जिससे उसकी कामयाबी का रास्ता खुलता चला जाता है।

पिछले 7–8 सालों से हमारे देश में वास्तुदोष निवारण में भी इन प्रतीकों का उपयोग जोर–शोर से किया जाने लगा है। जिसमें श्रीयंत्र, स्वस्तिक यंत्र, वास्तुदोष निवारक यंत्र, स्वस्तिक पिरामिड, सिद्ध गणपती, पंचमुखी हनुमान इत्यादि प्रमुख प्रतीक के रूप में उपयोग में लाये जाते हैं। इन भारतीय प्रतीकों के साथ–साथ फेंग शुई के माध्यम से आये चीन के कुछ प्रतीक जैसे लॉफिंग बुद्धा, डबल हैप्पीनेस सिम्बल, फुक–लुक–शु, तीन टांग का मेढक, लकी क्वाइन इत्यादि के उपयोग का चलन भी खूब चल रहा है। यह प्रतीक चाहे सिद्ध किए हों या न हो, वास्तुदोष निवारण में यह कोई विशेष उपयोगी नहीं होते हैं। जैसे किसी गम्भीर रोग में डॉक्टर अपने मरीज को ठीक करने के लिए उस रोग से संबंधित दवाई देता है साथ ही ताकत के लिए मरीज को विटामिन की गोली भी देता है। उसी प्रकार महत्वपूर्ण वास्तुदोषों में धार्मिक आस्था के प्रतीक केवल विटामिन की गोलियों की तरह होते हैं।

क्या, केवल विटामिन की गोली से किसी गम्भीर रोग को दूर किया जा सकता है? बिल्कुल नहीं। ठीक उसी प्रकार महत्वपूर्ण वास्तुदोषों को भी उपरोक्त प्रतीकों के प्रयोग से दूर नहीं किया जा सकता है। महत्वपूर्ण वास्तुदोषों को दूर करने के लिए भवन की बनावट में ही आवश्यकतानुसार छोटे–बड़े परिवर्तन करने पड़ते हैं। तभी समस्या का पूर्णरूप से निराकरण हो पाता है।

उदाहरण के तौर पर, किसी भवन के पश्चिम नैऋत्य में मुख्यद्वार हो और द्वार के पास ही दक्षिण में भूमिगत पानी की टंकी, कुआं, या बोरवेल हो तो उस घर के किसी पुरुष सदस्य की दुर्घटना में असामयिक मृत्यु की अत्यधिक संभावना रहती है। इस दोष को दूर करने के लिए स्वस्तिक, श्रीयंत्र, पिरामिड, सिद्ध गणपती इत्यादि आप किसी भी प्रतीक का कितना ही प्रयोग क्यों न कर लें, परन्तु किसी भी प्रतीक से कोई लाभ नहीं होगा। ऐसे वास्तुदोष में पश्चिम नैऋत्य के मुख्यद्वार को दीवार बनाकर बंद करना पड़ता है और

नया मुख्य द्वार पश्चिम वायव्य में बनाना पड़ता है। इसके साथ ही दक्षिण नैऋत्य के भूमिगत पानी के स्त्रोत को मिट्टी डालकर बंद करना पड़ता है, तभी उपरोक्त वास्तुदोष का निराकरण हो सकता है।

महत्वपूर्ण वास्तुदोष निवारण का महत्त्व आप इस प्रकार समझ सकते हैं कि, 1 की संख्या के आगे एक शून्य लगाया जाए, तो वह संख्या 10 हो जाएगी, दो शून्य लगाए जाएं तो 100 हो जाएगी, तीन शून्य लगाने पर 1000 हो जाएगी, इसी प्रकार प्रत्येक शून्य लगाने पर वह संख्या दस गुना बढ़ती जाएगी। परन्तु यदि अंक 1 की संख्या न हो तो कितने ही शून्य क्यों न लगें हों, सभी शून्य ही रहेंगे। अतः संख्या 1 का होना बहुत जरूरी है। इसी प्रकार महत्वपूर्ण वास्तुदोष के निवारण का महत्त्व संख्या 1 के बराबर है और आस्था के प्रतीकों का महत्त्व 0 शून्य के बराबर है। यह तय है कि अच्छे वास्तु में ही यह प्रतीक सोने पे सुहागा का काम करते हैं।

वास्तुशास्त्र विज्ञान है

वास्तुशास्त्र के सिद्धांत पूर्णतः वैज्ञानिक आधार पर बने हैं। इस बात की पुष्टि हम कुछ वास्तु सिद्धांतों के विश्लेषण से कर सकते हैं। जैसे–

* **ईशान कोण में पानी :** ईशान कोण में स्थित पानी के स्रोत पर पड़ने वाली प्रातःकालीन सूर्य की किरणें पानी में पैदा होने वाले हानिकारक बैक्टीरिया और कीटाणुओं आदि को नष्ट करती है। विज्ञान ने भी स्वीकार किया है कि सूर्य की किरणों में यह शक्ति होती है।

* **पूर्व दिशा में आंगन :** सूर्य की जीवनदायी प्रातःकालीन किरणों का अधिक से अधिक लाभ प्राप्त करने के लिए पूर्व दिशा में आंगन रखने की सलाह दी जाती है ताकि प्रातःकाल धूप में स्नान किया जा सके जो कि अत्यधिक स्वास्थ्यवर्धक होता है।

* **पूर्व दिशा में पेड़ :** बड़ी शाखा एवं चौड़ी पत्तियों वाले बड़े पेड़ को पूर्व एवं ईशान दिशा में नहीं उगाने चाहिए। यह पेड़ प्रातःकालीन सूर्य की सकारात्मक किरणों को घर में प्रवेश करने में रुकावट पैदा करते हैं।

* **आग्नेय कोण में रसोईघर :** आग्नेय कोण में स्थित रसोईघर में पूर्व दिशा से प्रातःकालीन सूर्य की किरणें प्रवेश करती हैं जो रसोई में पैदा होने वाले हानिकारक बैक्टीरिया एवं कीटाणुओं को नष्ट करती हैं।

* **पश्चिम दिशा की दीवारें ऊंची व मोटी होना :** प्रातःकालीन सूर्य की किरणें तो लाभदायक होती हैं परंतु दोपहर के समय जब सूर्य पश्चिम दिशा में आग उगल रहा होता है उस समय सूर्य की किरणें हानिकारक होती हैं। उन हानिकारक किरणों के संपर्क में हम कम से कम आएं, इस कारण वास्तुशास्त्र में दक्षिण–पश्चिम दिशा में ऊंची व मोटी दीवार बनाने की सलाह दी जाती है।

*** सोते समय सिर दक्षिण में :** मनुष्य का सिर उत्तरी ध्रुव और पैर दक्षिण ध्रुव की भांति कार्य करते हैं। यदि सिर उत्तर की ओर किया जाए तो, पृथ्वी के उत्तरी ध्रुव से दोनों में विकर्षण पैदा होगा परिणामस्वरूप मनुष्य के शरीर में रक्त प्रवाह और नींद में बाधा पैदा होने से तनाव उत्पन्न होगा। इसी कारण वास्तुशास्त्र के अनुसार अच्छे स्वास्थ्य के लिए सोते समय सिर दक्षिण में व पैर उत्तर दिशा की ओर होने चाहिए।

इस प्रकार के अनेक वैज्ञानिक तर्क वास्तुशास्त्र के सिद्धांतों को प्रमाणित करते हैं अतः वास्तु दोषों का निवारण भी वैज्ञानिक तरीके से ही करना चाहिए। वास्तुदोष होने पर किसी भी प्रकार के टोने–टोटके, पूजा–पाठ, यंत्र–मंत्र–तंत्र, पिरामिड, श्री यंत्र, कुछ गाड़ना या लगाना सब व्यर्थ होता है। यदि किसी मंदिर का वास्तु विन्यास ठीक न हो तो वहां भी ज्यादा लोग दर्शन करने नहीं जाते, मंदिर में चढ़ावा भी ठीक नहीं आता, जबकि स्वयं भगवान वहां विराजमान रहते हैं।

वास्तुशास्त्र एवं फेंग शुई आपके जीवन के हर क्षेत्र में सुधार लाने में सहायता करते हैं। इनकी सहायता से निवास स्थान, व्यवसाय स्थल या ऑफिस इत्यादि भवनों का वास्तुदोष निवारण करने पर चमत्कारिक, सुखद परिवर्तन देखने को मिलते हैं। इसी कारण पूर्व का सदियों पुराना यह विज्ञान आज पश्चिम में भी दिन प्रतिदिन अत्यंत लोकप्रिय होता जा रहा है।

वास्तु में सूर्य का महत्त्व

संपूर्ण ब्रह्मांड का आधार सूर्य है जिसकी ऊर्जा पूरे ब्रह्मांड को जीवन प्रदान करती है। सूर्य की ऊर्जा से ही पृथ्वी पर जीवन है। इस कारण वास्तुशास्त्र में पूर्व व उत्तर की दिशाओं को अत्यधिक महत्त्व दिया जाता है क्योंकि सूर्य से मिलने वाली सकारात्मक ऊर्जा का मुख्य द्वार पूर्व दिशा ही है। किसी भी घर या भवन में सूर्य की ऊर्जा का आगमन ईशान कोण से ही होता हैं। जहां सूर्य की ऊर्जा के साथ अंतरिक्ष की ऊर्जा भी भवन में प्रवेश करती हैं। यह दोनों ऊर्जाएं मिलकर भवन के अंदर एक विशेष ऊर्जा क्षेत्र बनाती हैं जो भवन के निवासियों को सकारात्मक परिणाम देती हैं।

प्राचीन काल में ही मानव इस बात से अच्छी तरह परिचित हो चुका था कि, सूर्य ही जीवनप्रदायक और जीवन–पोषक शक्ति है। सृष्टि के प्रारंभ से ही विभिन्न कालों में विश्व की विभिन्न सभ्यताओं में सूर्य की उपासना यह सिद्ध करती है कि सूर्य का महत्त्व अक्षुण्ण है।

विज्ञान ने भी यह प्रमाणित किया है कि, प्रातःकालीन सूर्य की किरणों में हमारे शरीर के लिए अनेक लाभदायक पदार्थ निहित होते हैं। जब यह सूर्य की किरणें त्वचा पर पड़ती हैं तो हमारे शरीर के लिए आवश्यक विटामिन 'डी' सीधे रक्त द्वारा सोख लिया जाता है। हमें नंगी आंखों से सूर्य की किरणें सफेद दिखाई देती हैं पर उसके अंदर बैंगनी, नीला, श्याम, नारंगी, हरा, लाल और पीला सात रंग होते हैं। यह रंग भी हमारे स्वास्थ्य पर विशेष प्रभाव डालते हैं। रंग एवं प्राकृतिक चिकित्सा पद्धति में सूर्य की किरणों का बहुत उपयोग होता है। इन किरणों की कांति अनेक प्रकार के कीटाणुओं को नष्ट करती हैं।

सूर्योदय के समय की किरणें जो कि अधिक रोशनी और कम गर्माहट वाली होने के कारण सर्वोत्तम होती हैं। इसी कारण वास्तुशास्त्र में पूर्व की ओर अधिक खुला स्थान एवं दरवाजे, खिड़कियां रखने की सलाह दी जाती है ताकि प्रातःकालीन सूर्य की किरणें घर व आंगन में अधिक से अधिक मात्रा में प्रवेश कर सकें। जो हानिकारक बैक्टीरिया और कीटाणुओं को नष्ट कर उस स्थान को शुद्ध करे ताकि, वहां निवास करने वाले स्वस्थ जीवन बिता सकें। उत्तम स्वास्थ्य ही सबसे बड़ी दौलत है।

वास्तुशास्त्र एवं फेंग शुई के उपाय व उनकी सीमा

भारतीय वास्तुशास्त्र में किसी भी भवन के वास्तुदोष निवारण के लिए कई सटीक उपाय हैं और वह पूर्णतः प्रभावशाली भी हैं। पर ज्यादातर उपाय तोड़–फोड़ वाले हैं, अर्थात् जड़ से ही समस्या को हल कर पूर्णतः राहत देने वाले। जैसे ईशान कोण में टॉयलेट का होना अशुभ माना जाता है, तो टॉयलेट को वहां से तोड़कर दूसरी जगह बनाना जरूरी हो जाता है। यदि कुआं, बोरिंग या भूमिगत जल संग्रहण उत्तर पूर्व या ईशान कोण के अलावा कहीं ओर है, तो उसे वहां से पूरी तरह से बंद कर इन दिशाओं पर स्थापित करना पड़ता है।

चीनी वास्तुशास्त्र फेंग शुई का एक सिद्धांत है, कि जहां समस्या है वहां उसका समाधान भी है। फेंग शुई में वास्तुदोष निवारण के लिए कुछ बाहरी व कुछ आंतरिक उपाय हैं, जो **छोटे–छोटे** वास्तुदोष निवारण में सहयोग देते हैं। वास्तु दोष निवारण में फेंग शुई से संबंधित विभिन्न उपयोगी वस्तुएं इस प्रकार हैं –

प्रकाश तथा प्रकाश परावर्तित करने वाली वस्तुएं, सजीव वस्तुएं, सुखद ध्वनियां, गतिशील वस्तुएं, यांत्रिक वस्तुएं, जल, पौधे, रंग इत्यादि।

पिरामिड और वास्तु

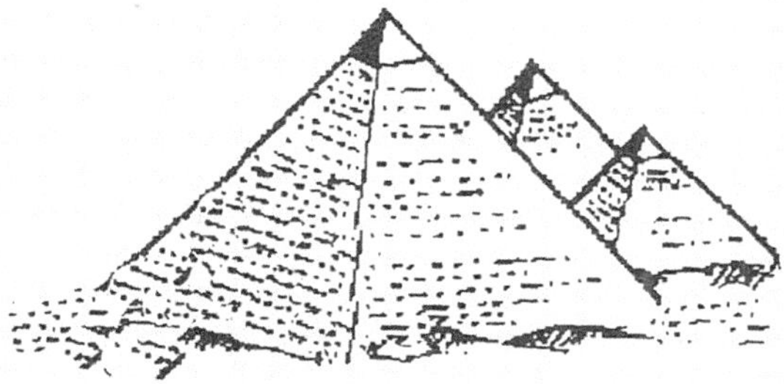

विश्व के सात आश्चर्यों में से एक मिस्र की नाइल नदी के किनारे बनी चार हजार वर्ष पुरानी फाराओं की समाधियां पिरामिड कहलाती हैं। **जिनका निर्माण आकाश में उत्तर दिशा की ओर स्थित ध्रुवतारे की सीध में वास्तु सिद्धांतों के अनुरूप हुआ है।** निश्चित रूप से पिरामिड आकृति वास्तु और औषधीय विशेषता का अद्वितीय उदाहरण हैं।

मिस्र के पिरामिड से प्रभावित होकर विभिन्न देशों में पिरामिड के प्रयोग किए गए और पाया गया कि पिरामिड के अंदर रखने से मृत शरीर के सड़ जाने पर जो दुर्गंध फैलनी थी वैसी दुर्गंध नहीं फैली। कई वर्षों तक मिस्र के पिरामिडों की खोज करने वाले वैज्ञानिक, इंजीनियर फ्रेंच खोजी मि. बोविस भी यह देखकर हैरान हुए कि, पिरामिड में जब भी कोई चूहा, बिल्ली या प्राणी मर जाता है तो सड़ता नहीं है, उसमें से दुर्गंध भी नहीं आती है। वह ममी फाइड हो जाता है अर्थात् सूख जाता है, सड़ता नहीं है। यह सब कैसे होता है इस बात का उन्हें ऊपरी तौर पर कोई कारण नहीं दिख रहा था, पर बहुत खोजबीन के बाद उनके मन में ख्याल आया कि शायद पिरामिड की जो आकृति है वही कुछ कर रही है। तब उन्होंने तीन–चार फीट का छोटा–सा पिरामिड का एक मॉडल तैयार किया और उसमें मरी हुई बिल्ली रख दी। मि. बोविस यह देखकर चकित हुए कि, वह बिल्ली ममी फाइड हो गयी पर सड़ी नहीं। इसी प्रकार एक दो दिन में खराब होने वाली साग सब्जी लगभग एक सप्ताह तक पिरामिड में ताजी रही। दूध तीन चार दिन तक खराब नहीं हुआ। पिरामिड के

नीचे रखा कचरा बिना बदबू फैलाए सूख गया। तब एक नए विज्ञान का जन्म हुआ जो यह कहता है कि यामिट्री की जो आकृतियां हैं उनका जीवन ऊर्जाओं से बहुत गहरा संबंध है। अब मि. बोविस की सलाह पर यह कोशिश की जा रही है कि सारी दुनिया के अस्पताल पिरामिड की शक्ल में बनाए जाएं, उनमें मरीज जल्दी स्वस्थ होगा। इस पर कई प्रयोग भी किए गए हैं जैसे – शरीर पर हुए घाव या जले हुए भाग को पिरामिड के अंदर लाने से घाव जल्दी ही ठीक हो जाता है, दांतों का दर्द, जोड़ों का दर्द, सिर दर्द आदि में पिरामिड का प्रयोग करने से जल्दी राहत मिलती है।

ग्रीक भाषा में पायर (Pyre) का अर्थ है आग और मिड (Mid) का अर्थ है मध्य। अतः पिरामिड का अर्थ हुआ वह वस्तु जिसके मध्य में आग अर्थात् ऊर्जा हो। यह वह ऊर्जा होती है जो कि शीघ्र नष्ट हो जाने वाली वस्तुओं को विकारों से सुरक्षित रखती है। पूरे विश्व में सदियों से मंदिर, मस्जिद, चर्च, गुरुद्वारे, बौद्ध मठ इत्यादि धर्मस्थलों के ऊपरी हिस्से एक विशेष गुम्बदनुमा आकृति लिए होते हैं जो कि पिरामिड का ही एक रूप है। इन गुम्बदों के नीचे बैठने से हमें ऊर्जा से भरपूर शुद्ध वायु मिलती है जिससे हमें शांति का अनुभव होता है। मन प्रफुल्लित होता है। मानसिक एकाग्रता बढ़ती है। इसका कारण यह है कि यहां पर पिरामिड आकृति के कारण एक विशेष ऊर्जा उस गुंबद के मध्य में प्रवाहित होती रहती है। कुल मिलाकर यह कहा जा सकता है कि पिरामिड आकृति शक्ति संचय का श्रेष्ठ उपकरण है। ध्यान व चिकित्सा क्षेत्र में पिरामिड का प्रयोग निश्चित रूप से लाभदायक है परन्तु **वास्तुदोष निवारण में इस ऊर्जा का कोई लाभ नहीं है।**

मिश्र देश जहां से विश्व को पिरामिड का ज्ञान मिला वहां पर भी इसका उपयोग मात्र शवों को सुरक्षित रखने के लिए किया गया। चीन में भी जहां से पुरी दूनिया को फेंग शुई का ज्ञान मिला वहां भी पिरामिड का प्रयोग वास्तुदोष निवारण में नहीं किया जाता है।

नोट : वास्तुदोष निवारण में पिरामिड के दुरुपयोग पर विस्तृत जानकारी के लिये इस पुस्तक के लेखक द्वारा लिखित पुस्तक "उत्तम स्वास्थ्य के लिये वास्तु एवं फेंग शुई" पढ़ें।

श्रीयंत्र और वास्तु

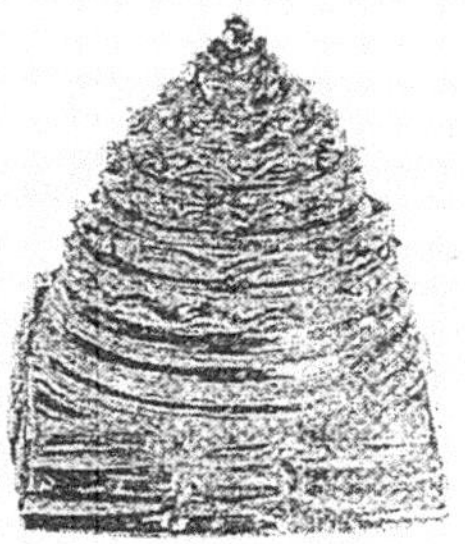

श्रीयंत्र चाहे सिद्ध किया हो या सिद्ध न किया हो, तो भी धार्मिक आस्था में उसका एक महत्वपूर्ण स्थान है। यह श्रीयंत्र स्फटिक के हो या अन्य धातु का, पर वास्तुशास्त्र के अनुसार वास्तुदोष निवारण में इनकी कोई भूमिका नहीं है। ठीक इसके विपरीत वास्तुदोष निवारण में स्फटिक के गोले अपनी महत्त्वपूर्ण भूमिका निभाते हैं। कहने का आशय यह है कि श्रीयंत्र की धार्मिक आस्था भरी महिमा अपनी जगह है और स्फटिक के गोले की कर्म चेतना अपनी जगह। चीनी वास्तुशास्त्र फेंग शुई में स्फटिक या क्रिस्टल के गोले का प्रयोग ऊर्जा वृद्धि के लिए किया जाता है। यह गोला एक प्रिज्म की तरह कार्य करता है, जो प्रकाश फैलाता है, जिसका वैज्ञानिक आधार है। इनका उपयोग खिड़की के सामने लगाकर अधिक मात्रा में प्राकृतिक रोशनी को आकर्षित करने के लिए किया जाता है। इन गोलों में विभिन्न कट लगे होने से वह स्थान जहां प्राकृतिक रोशनी का अभाव रहता है, उस स्थान के प्रकाश में वृद्धि कर अधिक ऊर्जावान बनाता है। ऐसे स्थान पर स्फटिक या क्रिस्टल के गोलों का उपयोग अत्यंत लाभदायक रहता है।

नोट : वास्तुदोष निवारण में श्रीयंत्र के दुरुपयोग पर विस्तृत जानकारी के लिये इस पुस्तक के लेखक द्वारा लिखित पुस्तक "सुख–समृद्धि एवं प्रसिद्धि के लिये वास्तु एवं फेंग शुई" पढ़ें।

वास्तुशास्त्र एवं फेंग शुई में दिशा निर्धारण

भारतीय वास्तुशास्त्र में दिशा का निर्धारण करने के लिए चुंबकीय कंपास की जरूरत पड़ती है। किसी भवन का वास्तु विन्यास करते समय भवन के मध्य में चुंबकीय कंपास रखकर दिशा का निर्धारण किया जाता है। इस दिशा निर्धारण के आधार पर ही वास्तुदोषों को दूर किया जा सकता है।

चीनी वास्तुशास्त्र फेंग शुई में दो पद्धतियों का प्रयोग होता है। एक कम्पास पद्धति, जिसमें चाइनीज कंपास लियोपान (Luo pan) का प्रयोग किया जाता है। जिसमें किसी भी व्यक्ति की जन्म तिथि के आधार पर उस व्यक्ति के लिए शुभ–अशुभ दिशाओं का निर्धारण किया जाता है। चमत्कारी वर्ग पर आधारित दूसरी पद्धति पा–कुआ (PA-KUA) होती है, जिसमें हर वास्तु को आठ भागों में बांटा जाता है, जो भवन के मुख्य द्वार या कमरे के द्वार पर आधारित होती है। **इस पद्धति में जहां द्वार होता है, वह हमेशा उत्तर दिशा मानी जाती है। इस पा–कुआ (PA-KUA) पद्धति में किसी भी**

मैगनेटिक कंपास

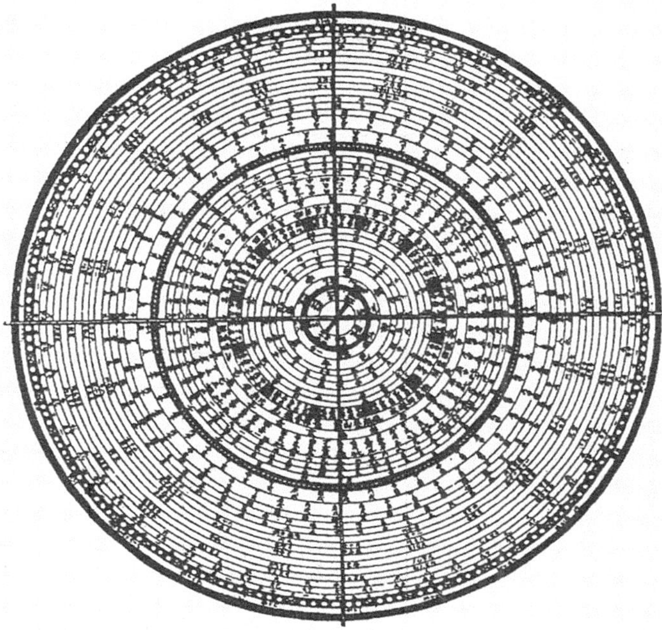

चाइनीज कंपास लियोपान Luo pan

प्रकार के कंपास का उपयोग नहीं होता है। बहुत–सी सामान्य समस्याओं में इस पद्धति के उपायों का प्रयोग कर सरलता से लाभ प्राप्त किया जा सकता है। इसी कारण आजकल भारत में यही पद्धति लोकप्रिय हो रही है।

आठ दिशाओं को प्रभावित करने वाले नौ ग्रह

भारतीय वास्तुशास्त्र के अनुसार किसी भी प्लॉट या भवन की आठों दिशाओं को हमारे सौर मंडल में उपस्थित नौ ग्रह प्रभावित करते हैं। प्रत्येक ग्रह किसी एक दिशा का प्रतिनिधित्व करता है जो इस प्रकार हैं–

दिशा	**ग्रह**	**दिशा**	**ग्रह**
पूर्व	सूर्य	आग्नेय	शुक्र
दक्षिण	मंगल	नैऋत्य	राहु
पश्चिम	शनि	वायव्य	चंद्र
उत्तर	बुध	ईशान	गुरु/केतु

वास्तुशास्त्र के अनुसार दिशाएं व कोण

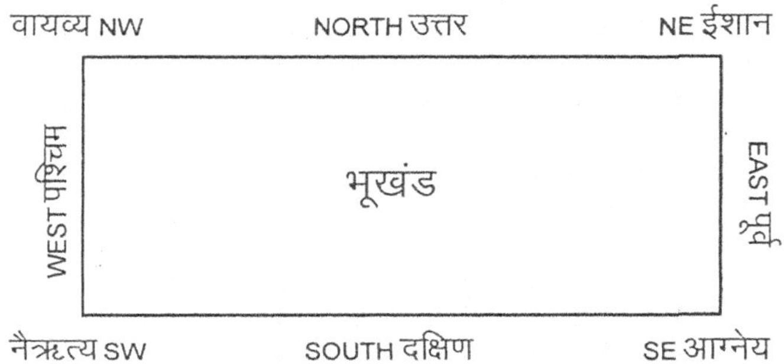

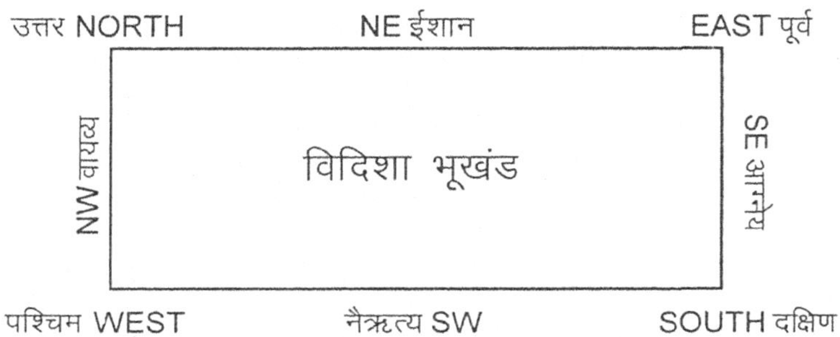

जिस भूखंड में दिशाएं मध्य में न होकर कोने में होती हैं ऐसा भूखंड विदिशा भूखंड कहलाता है।

चार दिशाएं

पूर्व	EAST	सूर्योदय की दिशा
पश्चिम	WEST	सूर्यास्त की दिशा
उत्तर	NORTH	उत्तरी ध्रुव की दिशा
दक्षिण	SOUTH	दक्षिणी ध्रुव की दिशा

चार कोण

ईशान	NORTH-EAST	पूर्व एवं उत्तर मध्य की दिशा
आग्नेय	SOUTH-EAST	दक्षिण एवं पूर्व मध्य की दिशा
नैऋत्य	SOUTH-WEST	दक्षिण एवं पश्चिम मध्य की दिशा
वायव्य	NORTH-WEST	उत्तर एवं पश्चिम मध्य की दिशा

प्लॉट का विभाजन

प्लॉट का वास्तु अनुसार आठ भागों में विभाजन

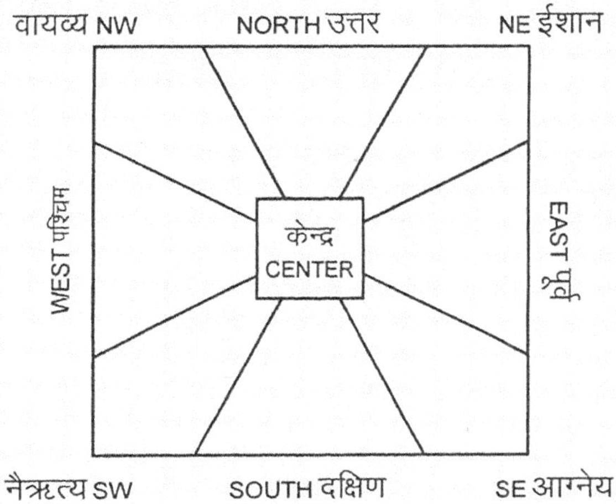

विदिशा प्लॉट का वास्तु अनुसार आठ भागों में विभाजन

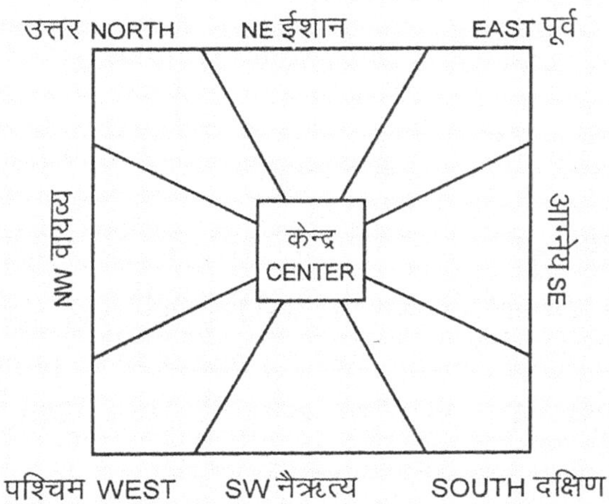

वास्तुशास्त्र में केंद्र को ब्रह्म स्थान कहा जाता है।

फेंग शुई के अनुसार वास्तु का आठ भागों में विभाजन

	आग्नेय SE	SOUTH दक्षिण	SW नैऋत्य	
	समृद्धि	प्रसिद्धि	विवाह	
EAST पूर्व	परिवार	पृथ्वी	संतान	WEST पश्चिम
	ज्ञान व शिक्षा	कैरियर	सहायक मित्र	
	ईशान NE	NORTH उत्तर	NW वायव्य	

मुख्य द्वार इस दिशा में कहीं भी हो सकता है।

फेंग शुई की चमत्कारिक वर्ग पर आधारित पा–कुआ (PA-KUA) पद्धति के अनुसार किसी भूखंड/भवन/कमरे का आठ भागों में विभाजन किया जाता है। **जिसमें मुख्य द्वार की दिशा को सदैव उत्तर दिशा माना जाता है।**

फ्लैट–वास्तु एवं फेंग शुई

हर व्यक्ति का सपना होता है कि उसका एक घर हो, भले ही वो छोटा हो पर अपना हो। शहरों व महानगरों की बढ़ती आबादी के कारण भूमि की उपलब्धता कम होती जा रही है। इस कारण भूखंड व प्रॉपर्टी की कीमतें आसमान छू रही हैं। अच्छे लाभ के लिए कई बिल्डर भूखंड का एक–एक इंच उपयोग में लेना चाहते हैं। इसी लालच में बहुमंजिले भवन के निर्माण के समय वास्तुशास्त्र के सिद्धांतों का पालन नहीं हो पाता। ऐसे बहुमंजिले भवनों में जब कोई व्यक्ति बड़े उत्साह व उमंगों के साथ अपनी जीवन भर की कमाई से फ्लैट खरीदकर रहने जाता है तो वहां उसका जीवन काफी कष्टमय हो जाता है।

मुंबई के बोरीवली इलाके में एक गुजराती परिवार ने, जो कई सालों से किराये के घर में सुखद जीवन बिता रहे थे, पिछले वर्ष घर के पास की एक सुंदर भव्य बहुमंजिली इमारत में फ्लैट खरीदा। फ्लैट का वास्तु नियमानुसार न होने के कारण उन्हें एक वर्ष में ही कई प्रकार की परेशानियों का सामना करना पड़ गया। परिवार की आमदनी कम हो गयी। परिवार की महिलाओं का स्वास्थ्य खराब रहने लगा और हमेशा प्रथम श्रेणी में पास होने वाला उनका इकलौता बेटा बड़ी मुश्किल से पास हो पाया। फ्लैट का मुख्य वास्तुदोष फ्लैट का ईशान दिशा में कटा हुआ होना था। दक्षिण नैऋत्य में भूमिगत पानी की टंकी थी व प्रवेश द्वार पश्चिम नैऋत्य में था।

यदि कोई व्यक्ति फ्लैट खरीदते समय निम्नलिखित वास्तुशास्त्र की कुछ छोटी–छोटी महत्वपूर्ण बातों का ध्यान रखें तो वह स्वस्थ सुखद आनंदमय जीवन बिताते हुए काफी तरक्की भी कर सकता है।

❑ जहां फ्लैट लेना हो उस बहुमंजिली इमारत के भूखंड का आकार वर्गाकार या आयताकार हो पर अनियमित आकार न हो। भूखंड का दक्षिण पश्चिम कोना 90° का होना चाहिए। साथ ही उत्तर पूर्व दिशा में ज्यादा खुली जगह छोड़नी चाहिए। ऐसे भूखंड पर बने फ्लैट में निवास करने वाले सुखी संपन्न रहते हैं।

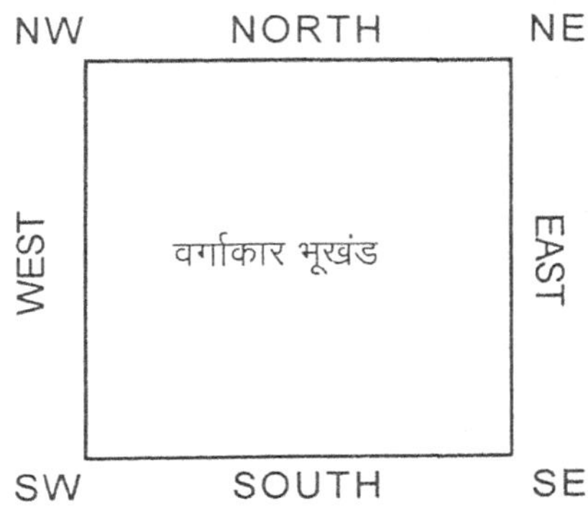

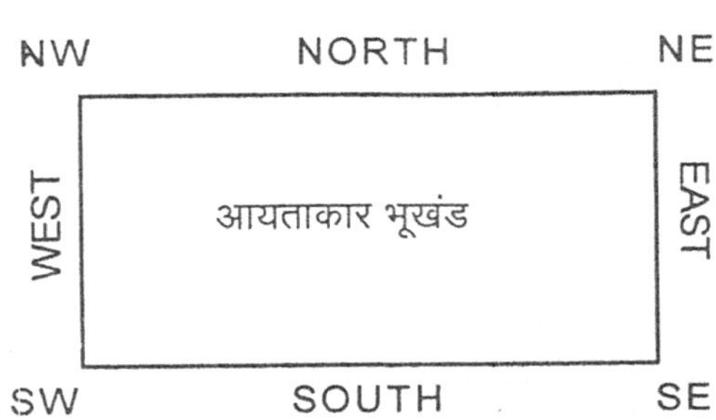

❑ फ्लैट ऐसी इमारत में खरीदें, जिसके उत्तर, पूर्व में गहरे गड्ढे, तालाब, नदी इत्यादि और दक्षिण व पश्चिम में ऊंचे–ऊंचे टीले व पहाड़ियां हों। ऐसी इमारत का फ्लैट आपके लिए वरदान साबित होगा।

❑ फ्लैट ऐसी इमारत में कभी न खरीदें, जिसके उत्तर, पूर्व में ऊंचे–ऊंचे भवन, पर्वत, चट्टान या विशाल वृक्ष जैसे पीपल, वटवृक्ष इत्यादि हों, और दक्षिण, पश्चिम में गहरे गड्ढे, तालाब, नदी इत्यादि हों ऐसा फ्लैट कई समस्याओं का कारण बनता है।

❑ ऐसे स्थान पर या उसके आसपास इमारत के लिए भूखंड कभी नहीं खरीदें, जहां दूर तक फैलने वाली जड़ों के विशाल वृक्ष हों, जैसे पीपल, बरगद, आम, इमली इत्यादि। विशाल वृक्षों की जड़ों के कारण इमारत के क्षतिग्रस्त होने का भय रहता है।

❑ ऐसे स्थान के आसपास इमारत के लिए भूखंड नहीं खरीदना चाहिए, जहां कोई बड़ा नाला, विशेषकर गंदा नाला बहता हो। ऐसे नालों से हमेशा दुर्गंध आने के कारण वहां रहना मुश्किल होता है। साथ ही उस इमारत में रहने वालो को स्वास्थ्य संबंधी चिंताजनक समस्याएं पैदा होती रहती हैं।

❑ इमारत का भूखंड ऐसे स्थान पर नहीं खरीदना चाहिए, जहां ऊपर से हाईटेंशन बिजली की तारें निकलती हों। इनसे निकलने वाली इलेक्ट्रो मैगनेटिक तरंगे जो कि काफी खतरनाक होती हैं वहां रहने वालो के स्वास्थ्य को प्रभावित करेंगी। इसी प्रकार किसी बिजली के अधिक दबाव वाले ट्रांसफार्मर के पास भी भूखंड नहीं लेना चाहिए।

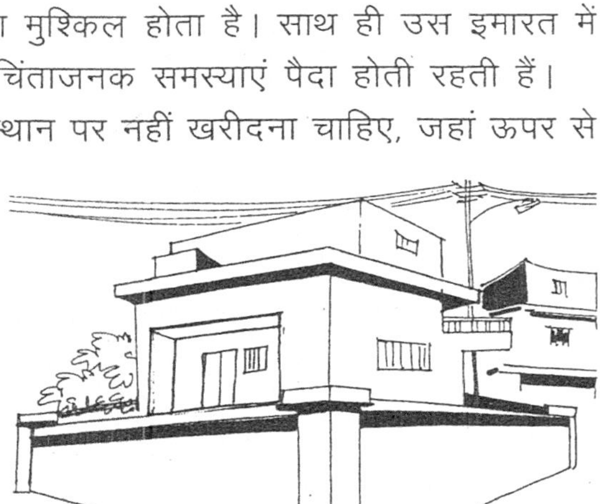

❑ अच्छे भाग्य के लिए समकोण भूखंड पर उत्तर व पूर्व दिशा में ज्यादा जगह छोड़कर आयताकार या वर्गाकार आकार में इमारत का निर्माण करना चाहिए। साथ ही कोशिश करनी चाहिए कि अंदर बने सभी कमरे भी समकोण वाले हों। इस प्रकार वास्तु अनुरूप बनी इमारत के फ्लैट में सुखद व शानदार जीवन बिताया जा सकता है।

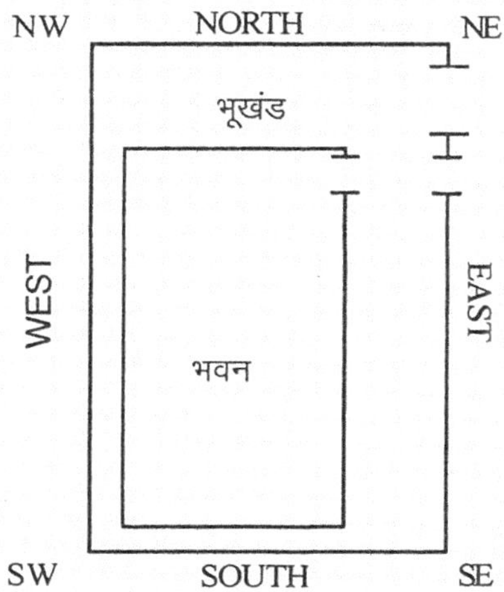

भूखंड पर भवन निर्माण की आदर्श स्थिति

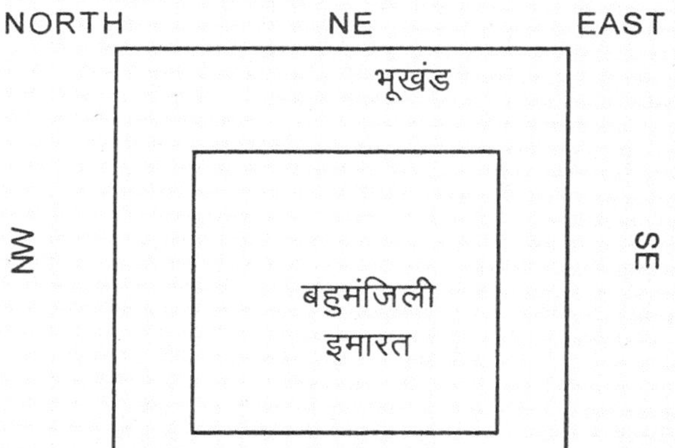

विदिशा भूखंड पर बहुमंजिली इमारत के निर्माण की आदर्श स्थिति

❑ फ्लैट का उत्तर, पूर्व एवं ईशान दिशा का दबा, कटा एवं गोल होना काफी अशुभ होता है इससे परिवार पर आर्थिक कष्ट आते हैं, जिससे अपयश मिलता है। इसके विपरीत इन दिशाओं का बढ़ा हुआ होना बहुत शुभ होता है। यदि यह दिशाएं दबी, कटी या गोल हों तो इन्हें शीघ्र समकोण करके इसके अशुभ परिणामों से बचना चाहिए।

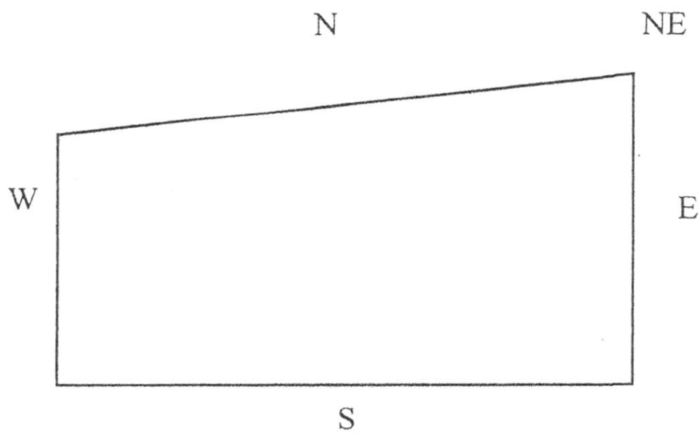

उत्तर ईशान दिशा में बढ़ा हुआ शुभ फ्लैट

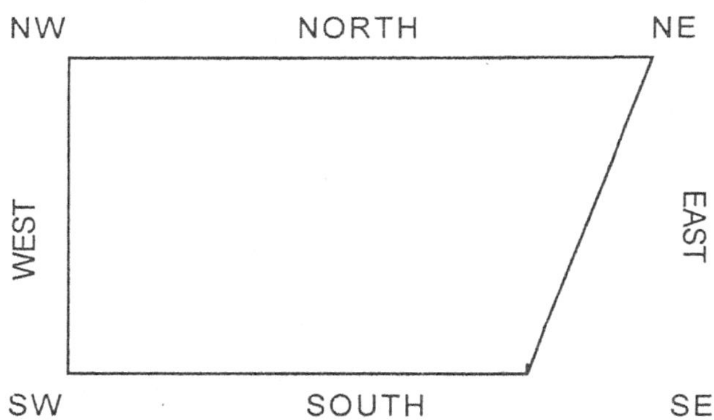

पूर्व ईशान दिशा में बढ़ा हुआ शुभ फ्लैट

❑ आठ दिशाओं में ईशान दिशा अत्यंत महत्वपूर्ण होती है, फ्लैट खरीदते समय इस दिशा की वास्तु संबंधी बातों का ध्यान रखना बहुत जरूरी होता है। उसी बहुमंजिली इमारत में फ्लैट खरीदें, जिसके उत्तर, ईशान या पूर्व में भूमिगत पानी की टंकी, कूप, नलकूप या तरणताल हों। उपरोक्त दिशाओं के अलावा अन्य किसी भी दिशा में इनके होने से काफी अशुभ परिणाम देखने को मिलते हैं।

❑ अच्छे सौभाग्य के लिए जहां फ्लैट लेना हो उस बहुमंजिली इमारत के भूखंड का उत्तर, ईशान व पूर्व का भाग दक्षिण, नैऋत्य व पश्चिम भाग की तुलना में नीचा होना चाहिए। ईशान दिशा का ऊंचा होना दुर्भाग्य को आमंत्रित करता है, जिससे वहां निवास करने वाले परिवार को अपयश का सामना करना पड़ता है।

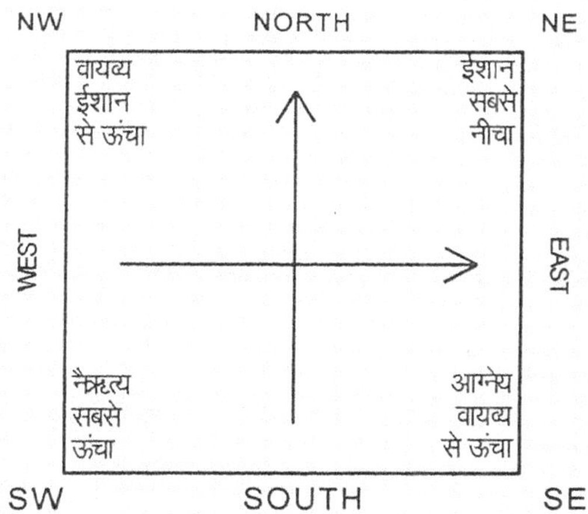

वास्तु अनुरूप भूखंड की ऊंचाई नीचाई

❑ बहुमंजिली इमारत का मुख्य द्वार पूर्व मुखी व दक्षिण मुखी भवन में बाएं तरफ और पश्चिम व उत्तर मुखी भवन में दाएं तरफ होना शुभ होता है। अतः इमारत में अंदर आने–जाने का रास्ता, जहां चित्र में राइट के निशान लगे हैं, के अनुसार रखना चाहिए। जहां क्रॉस के निशान हैं, उस जगह पर प्रवेश द्वार रखने से जीवन में विभिन्न प्रकार की परेशानियां आती हैं।

वास्तु अनुरूप द्वार का स्थान

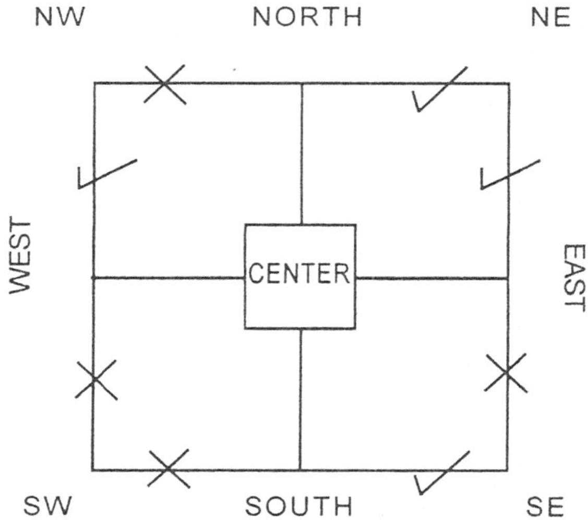

विदिशा भूखंड पर वास्तु अनुरूप द्वार का स्थान

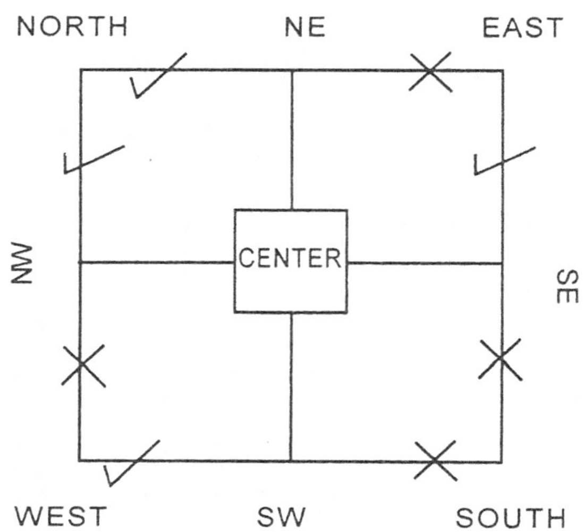

वीथीशुला

❑ जब कोई सार्वजनिक मार्ग किसी बहुमंजिली इमारत के भूखंड के सामने से सीधा प्रवेश करे या आकर रुक जाए वह वीथीशुला (मार्ग प्रहार) कहलाता है। कुछ वीथीशुला शुभ और कुछ वीथीशुला अशुभ होती हैं।

शुभ वीथीशुला वाली भूखंड पर बने फ्लैट में रहने वाले सुखी जीवन बिताते हैं।

शुभ वीथीशुलाएं

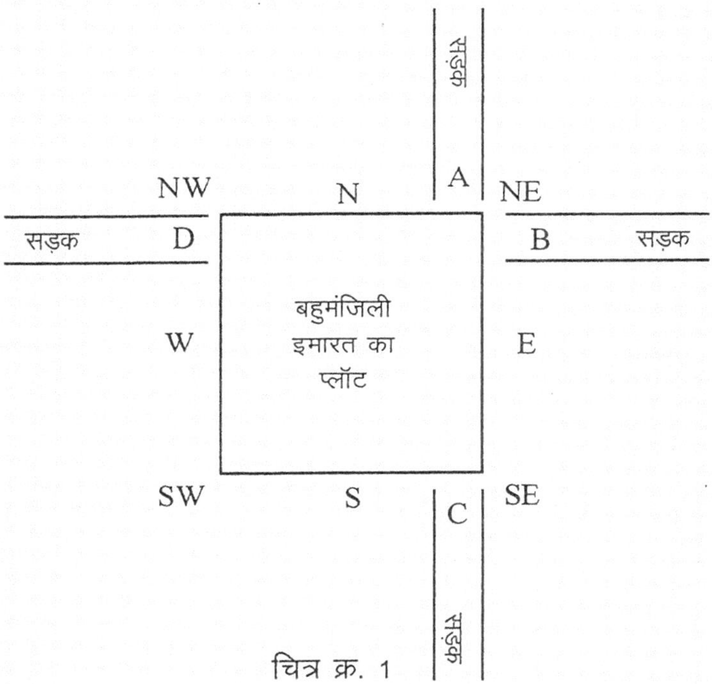

चित्र क्र. 1

चित्र क्रमांक 1 में चार शुभ वीथीशुलाएं दर्शाई गई हैं।

A–उत्तर ईशान NE उत्तर दिशा की ओर से वीथीशुला का प्रवेश करना।

B–पूर्व ईशान NE पूर्व दिशा की ओर से वीथीशुला का प्रवेश करना।

C–दक्षिण आग्नेय SE दक्षिण दिशा की ओर से वीथीशुला का प्रवेश करना।

D–पश्चिम वायव्य NW पश्चिम दिशा की ओर से वीथीशुला का प्रवेश करना।

❑ अशुभ वीथीशुला वाले भूखंड पर बनी इमारत के फ्लैट में रहने वालो का जीवन बड़ा दुःखमय बितता है। उन्हें जीवन में काफी परेशानियों का सामना करना पड़ता है।

अशुभ वीथीशुलाएं

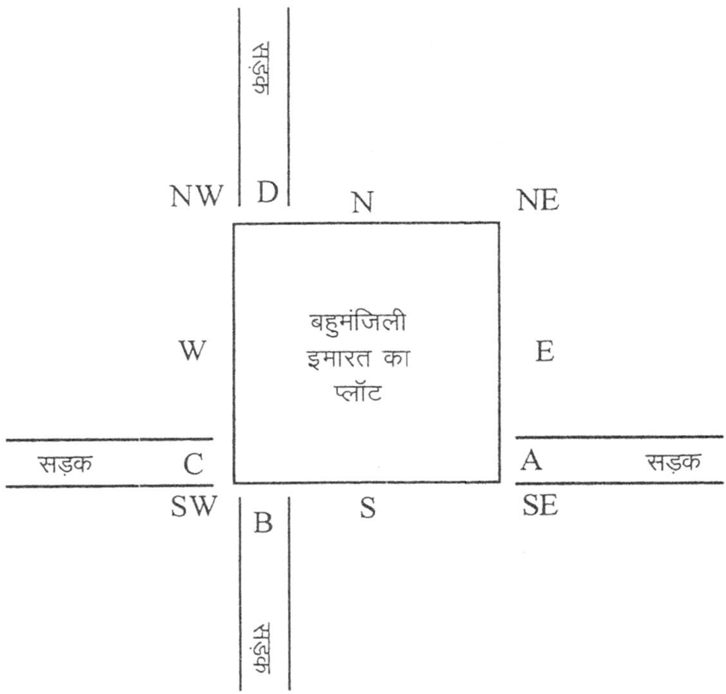

चित्र क्र. 2

चित्र क्रमांक 2 में चार अशुभ वीथीशुलाएं दर्शाई गई हैं।

A–पूर्व आग्नेय SE पूर्व दिशा की ओर से वीथीशुला का प्रवेश करना।

B–दक्षिण नैऋत्य SW दक्षिण दिशा की ओर से वीथीशुला का प्रवेश करना।

C–पश्चिम नैऋत्य SW पश्चिम दिशा की ओर से वीथीशुला का प्रवेश करना।

D–उत्तर पश्चिम NW उत्तर दिशा की ओर से वीथीशुला का प्रवेश करना।

❑ यदि इमारत के मुख्य द्वार के सामने कोई बाधा होती है, तो उसे द्वार वेध कहा जाता है। जैसे बिजली का खंभा, स्तम्भ, वृक्ष, खुली नाली या सामने के भवन का धारदार कोना इत्यादि। यह अशुभ स्थिति होती है। जो आपकी प्रसिद्धि को धक्का पहुंचाती हैं। लेकिन यह बाधाएं उस मकान की द्विगुणित ऊंचाई से अधिक दूरी पर हों, तो यह दोष नहीं होता है। यदि मकान और बाधा के मध्य सार्वजनिक सड़क हो तो यह दोष खत्म हो जाता है। मकान के दांए–बाएं व पीछे ऐसी बाधा हो तो यह दोष नहीं होता है।

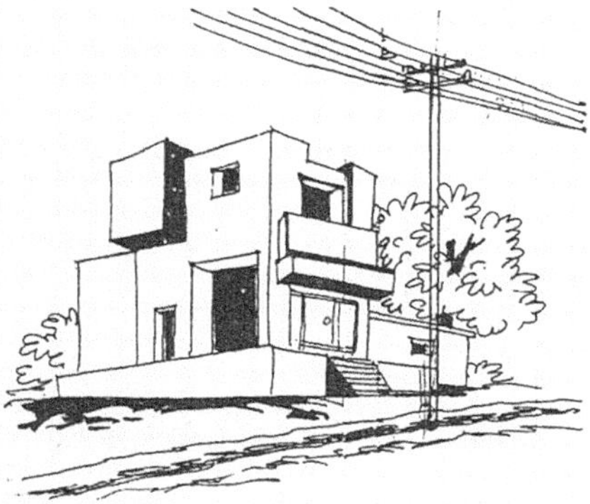

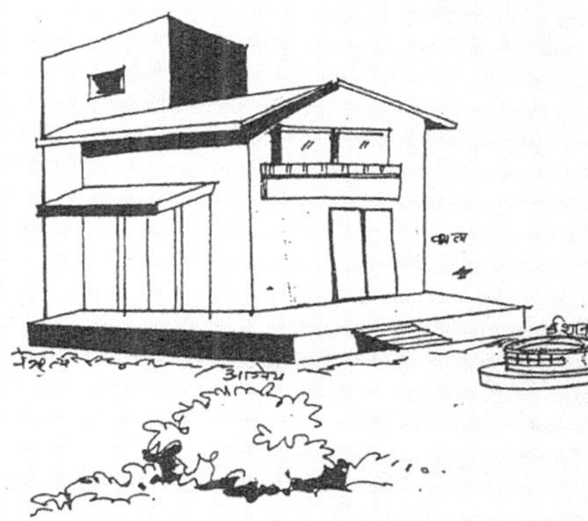

❑ बहुमंजिली इमारत टी जंक्शन पर नहीं होनी चाहिए। यह अत्यधिक अशुभ मार्ग वेध होता है। उस इमारत में निवास करने वाले परिवारों के जीवन में दुःखदायी हादसे होते रहते हैं।

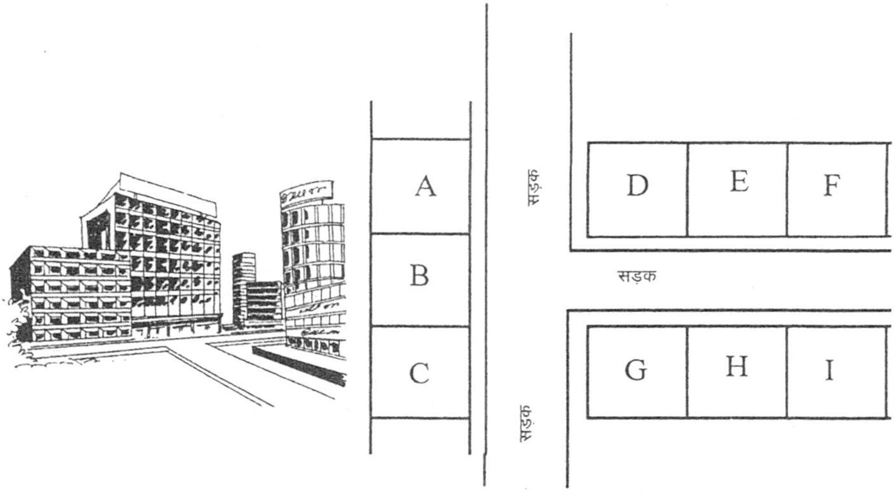

टी T जंक्शन पर स्थिति प्लॉट B ।

❑ बहुमंजिली इमारत के लिए दो से अधिक रास्तों के सामने स्थित भूखंड कभी नहीं खरीदना चाहिए। चाहे वह वर्गाकार या आयताकार ही क्यों न हो, भूखंड पर बनी इमारत के फ्लैटों में रहने वालो की उन्नति में बाधाएं आती रहती हैं।

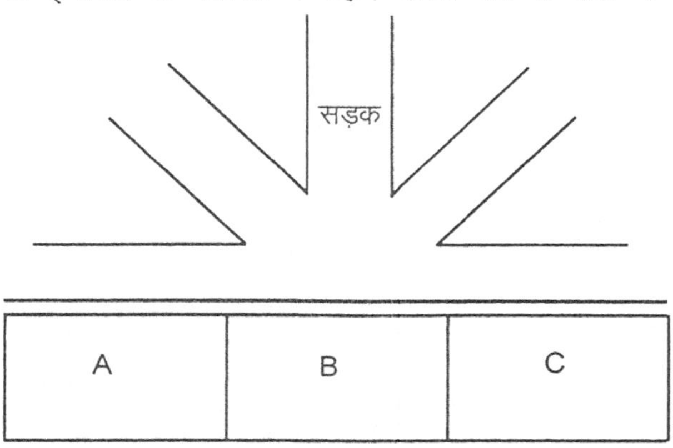

दो से अधिक रास्तों के सामने स्थित भूखंड B शुभ नहीं है।

❑ बहुमंजिली इमारत के लिए V संगम पर स्थित किसी भी आकार का भूखंड नहीं खरीदना चाहिए। ऐसे भूखंड पर बनी बहुमंजिली इमारत में बने फ्लैटों में रहने वालो को विभिन्न प्रकार के कष्ट रहते हैं।

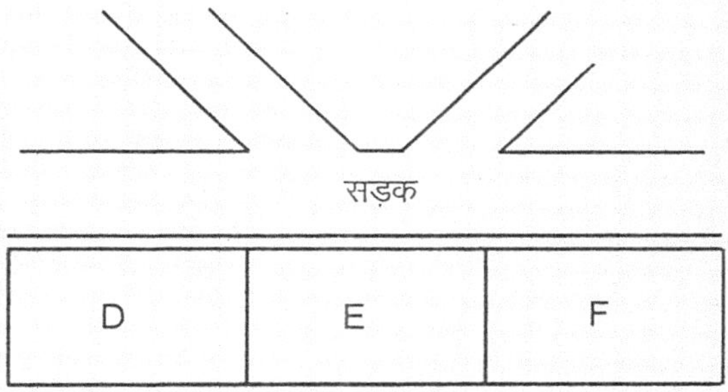

V संगम पर स्थित अशुभ भूखंड E

❑ बहुमंजिली इमारत के लिए तीखे मोड़ पर स्थित भूखंड कभी नहीं खरीदना चाहिए। ऐसे भूखंड पर बनी बहुमंजिली इमारत में रहने वाले जीवन में कभी उचित सफलता प्राप्त नहीं कर पाते हैं।

तीखे मोड़ पर स्थित भूखंड

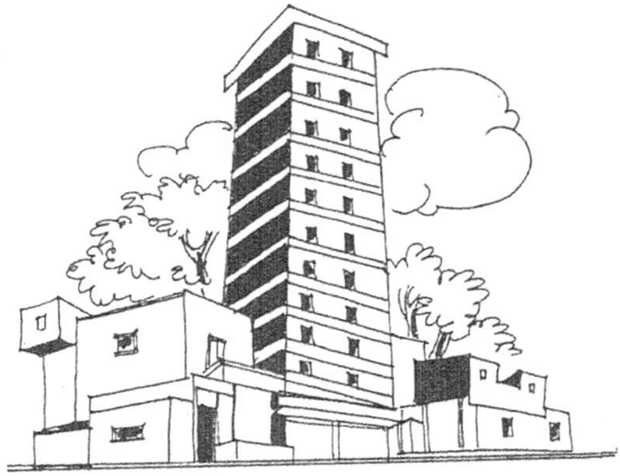

छोटे भवनों के मध्य एक बड़ा असुरक्षित भवन

❑ ध्यान रहे आसपास की बहुमंजिली इमारतों की तुलना में किसी इमारत का आकार बहुत छोटा या ऊंचा हो, तो उस इमारत में फ्लैट नहीं खरीदना चाहिए। ऐसी बहुमंजिली इमारतों के फ्लैट्स में रहने वालो का जीवन असुरक्षित होता है।

❑ ऐसी इमारत जिसके सामने कोई बहुत ऊंचा भवन या अन्य कोई निर्माण कार्य हो, तो वहां फ्लैट खरीदने का विचार तक न करें। यदि इमारत के पीछे कोई बड़ा भवन बना हुआ हो, तो वह काफी शुभ होता है।

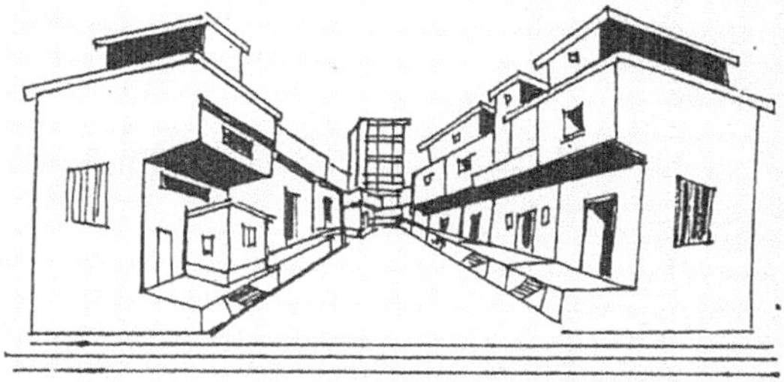

❑ कभी भी सड़क के अंतिम छोर (Dead End) के दोनों तरफ की बहुमंजिली इमारतों में फ्लैट नहीं खरीदना चाहिए। अंतिम छोर (Dead End) पर ऊर्जा का निकास नहीं हो पाता है, जिसके कारण ऐसी बहुमंजिली इमारतों में रहने वालो को जीवन में सुख शांति नहीं मिल पाती है।

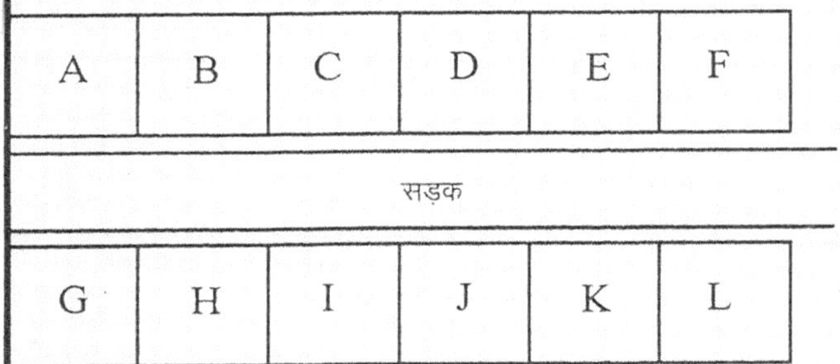

Dead End पर स्थित भूखंड A और G अशुभ भूखंड हैं।

बहुमंजिली इमारत के चारों ओर रास्ते

जिस बहुमंजिली इमारत की चारों दिशाओं में चार समांतर रास्ते होते हैं, वह बहुमंजिली इमारत अत्यंत शुभ होती है। ऐसी बहुमंजिली इमारत में बने फ्लैट में निवास करने वाले व्यक्ति की हर तरह से उन्नति होती है और उसे स्वास्थ्य, संपन्नता, प्रसिद्धि तथा ऐश्वर्य की आसानी से प्राप्ति होती है। मदर टेरेसा का कोलकाता स्थित आश्रम इसका सबसे अच्छा उदाहरण है।

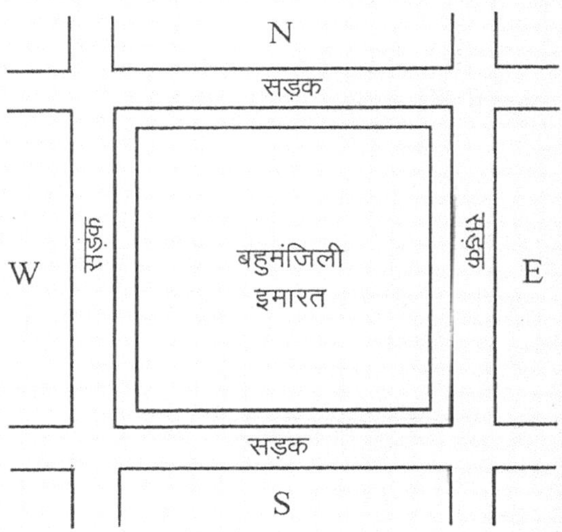

बहुमंजिली इमारत के चारों तरफ के रास्ते

A बहुमंजिली इमारत की एक से अधिक दिशाओं में सड़कें होना भी शुभ होता है।

B उत्तर पूर्व दिशा की ओर सड़क का होना स्वास्थ्य एवं समृद्धि के लिए शुभ होता है।

C स्त्रियों के लिए दक्षिण व पूर्व दिशा में सड़क होना लाभप्रद होता है।

D व्यापारियों के लिए भवन की दक्षिण व पश्चिम दिशा में सड़क का होना ज्यादा लाभदायक रहता है।

E उत्तर व पश्चिम दिशा में सड़क सभी को समृद्धि व प्रतिष्ठा प्रदान करती है।

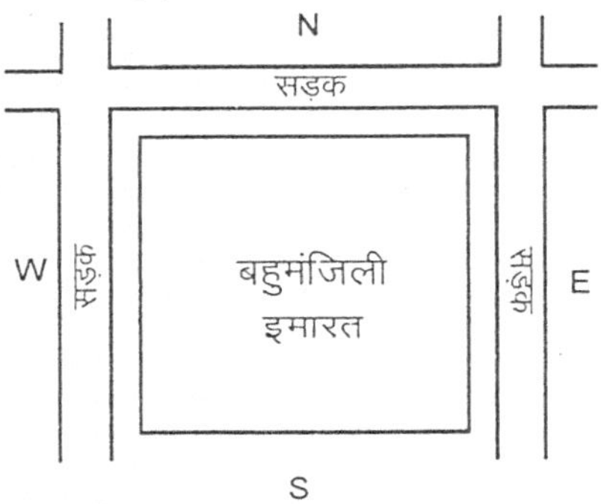

तीन ओर सड़कों वाली बहुमंजिली इमारत उत्तम होती है

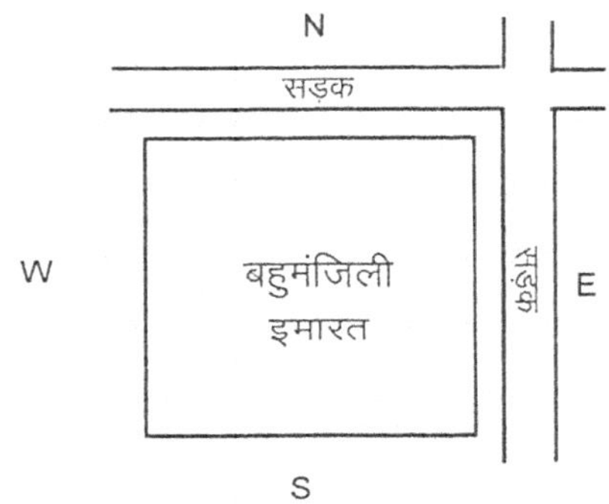

स्वास्थ्य व समृद्धि के लिए शुभ बहुमंजिली इमारत

स्त्री प्रधान व्यवसाय के लिए लाभदायक बहुमंजिली इमारत

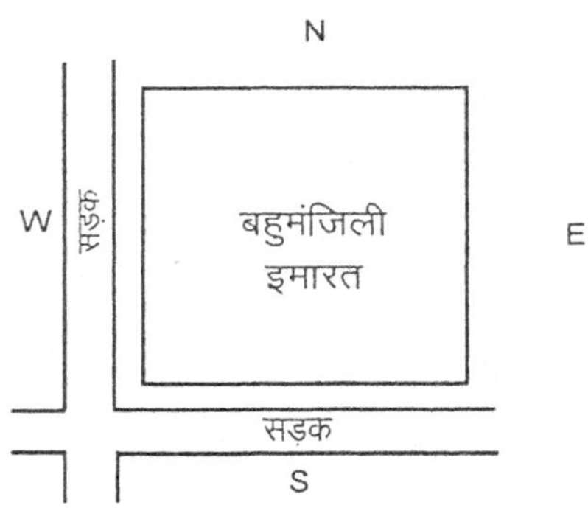

व्यापारियों के लिए लाभदायक बहुमंजिली इमारत

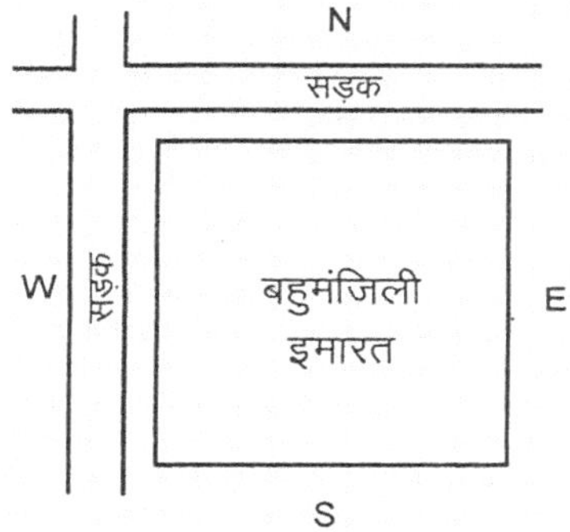

समृद्धि व प्रतिष्ठा के लिए शुभ बहुमंजिली इमारत

❑ चौराहों के भूखंड ज्यादातर कटे हुए या गोल होते हैं। यदि बहुमंजिली इमारत के भूखंड के आग्नेय, नैऋत्य या वायव्य कोण कटे या गोल हों तो कोई

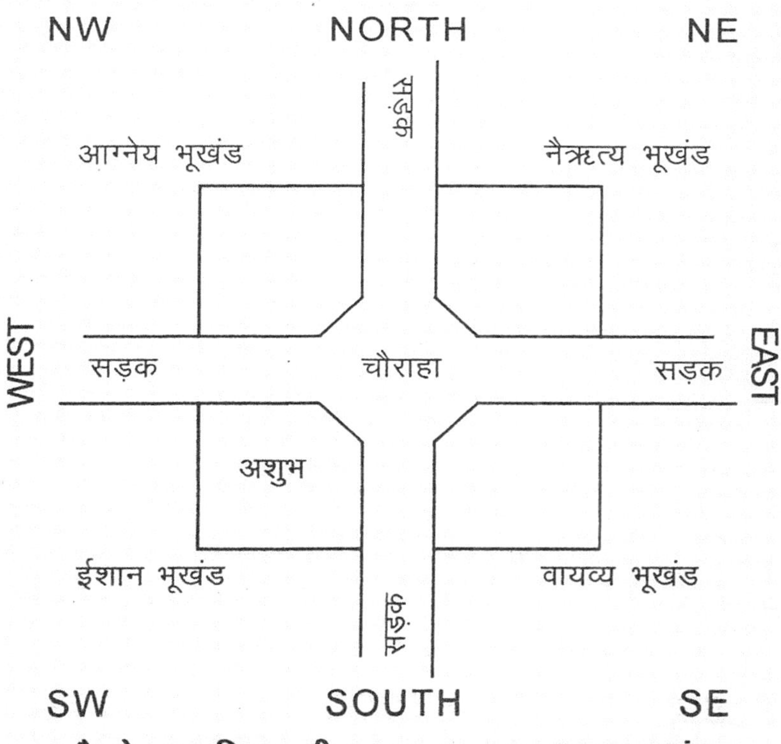

चौराहे पर स्थित तीन शुभ व एक अशुभ भूखंड

परेशानी की बात नहीं होती है पर यदि इमारत के भूखंड का ईशान कोण कटा या गोल हो तो काफी अशुभ होता है। ऐसी इमारत में कभी फ्लैट नहीं खरीदना चाहिए।

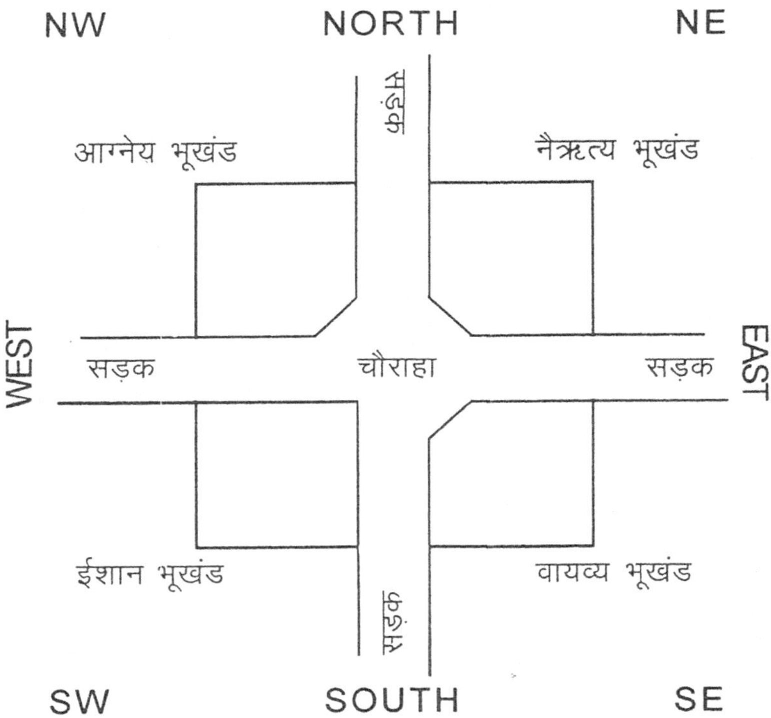

चौराहे पर स्थित चारों शुभ भूखंड

❑ शहरों में विकास प्राधिकरण या शहर विकास ट्रस्टों द्वारा बनाई गई कालोनियों में बेचे जाने वाले भूखंडों में ज्यादातर दो भूखंडों के मुख्य द्वार पास–पास होते हैं। इसमें से एक भूखंड पर वास्तु अनुरूप इमारत बनाई जा सकती है जहां रहने वाले सुखी रहते हैं। जबकि दूसरे भूखंड पर वास्तु अनुरूप इमारत नहीं बनाई जा सकती, और कहीं–कहीं दोनों भूखंड ही वास्तु अनुकूल नहीं होते हैं। इस कारण ऐसी इमारत में रहने वाले काफी दुःखी रहते हैं। अतः खराब भूखंड पर बनी इमारत में कभी भी फ्लैट न खरीदें।

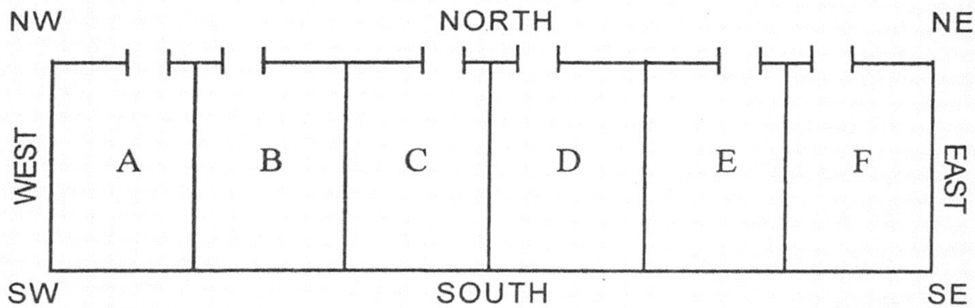

इस पंक्ति में A, C और E वास्तु अनुकूल व B, D और F वास्तु विपरीत भूखंड हैं।

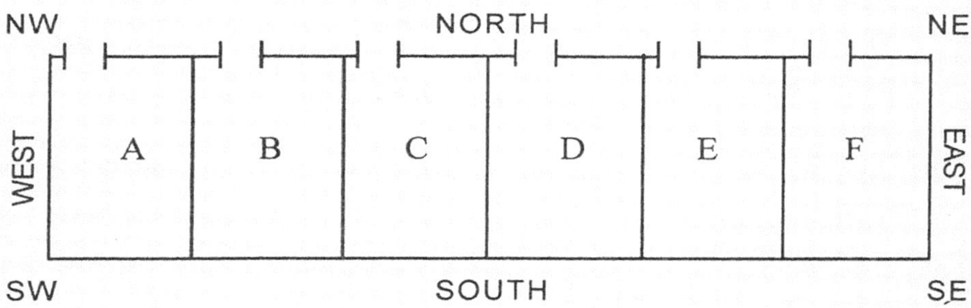

इस पंक्ति में सभी भूखंड वास्तु विपरीत हैं।

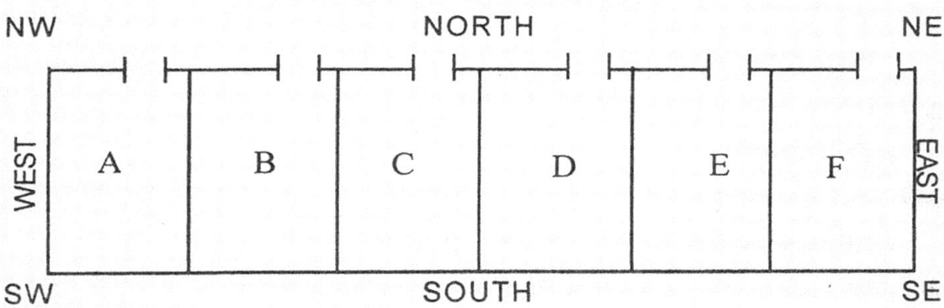

इस पंक्ति में सभी भूखंड वास्तु अनुकूल हैं।

बहुमंजिली इमारत की कंपाउंड वॉल

कंपाउंड वॉल बनाते समय निम्नलिखित बातो का ध्यान रखना अत्यंत महत्वपूर्ण होता है।

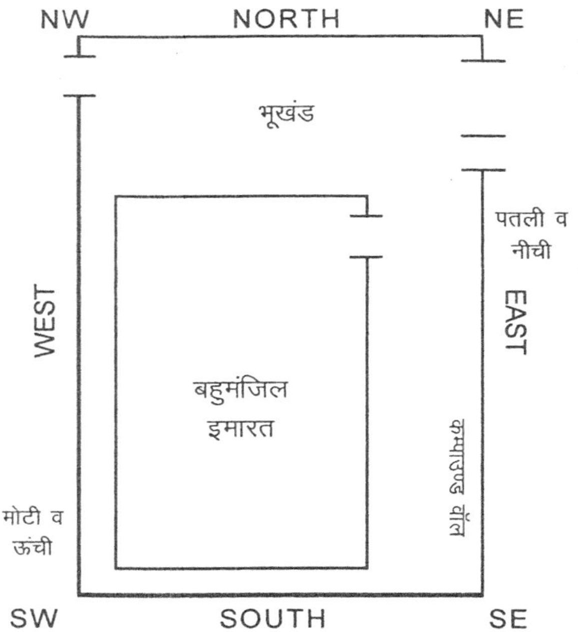

आदर्श कंपाउंड वॉल

- कंपाउंड वॉल में आगे व पीछे दोनों ओर दरवाजे होने चाहिए, एक आगे की ओर मुख्य प्रवेश द्वार बड़ा होना चाहिए। पिछवाड़े का द्वार मुख्य द्वार की तुलना में छोटा होना चाहिए। मुख्य द्वार सुंदर एवं भव्य बनाना चाहिए। ऐसा द्वार हर प्रकार की सुख–समृद्धि प्रदान करता है।
- भवन के मुख्य द्वार पर एक बड़ा गेट वाहनों के आने–जाने के लिए व एक छोटा विकेट गेट पैदल आने–जाने के लिए पास–पास बना सकते हैं।
- कंपाउंड वॉल की ऊंचाई मुख्य द्वार की ऊंचाई के 2/3 से कम नहीं होनी चाहिए।
- कंपाउंड वॉल का दक्षिण व पश्चिम दिशा में पूर्व व उत्तर दिशा की तुलना में ऊंचा तथा अधिक मोटा होना स्वास्थ्य एवं धन लाभ के लिए शुभ होता है।
- कंपाउंड वॉल ईशान कोण में सबसे नीची व नैऋत्य कोण में सबसे ऊंची होनी चाहिए।
- कंपाउंड वॉल भवन से पूर्व व उत्तर दिशा में जगह छोड़कर बनानी चाहिए, ताकि प्रातःकालीन सूर्य की किरणें आंगन में आ सकें।
- भवन का दक्षिण व पश्चिम दिशा का हिस्सा कंपाउंड वॉल के रूप में उपयोग कर सकते हैं।

❑ यदि बहुमंजिली इमारत में अंडरग्राउंड कार पार्किंग हो, तो वह बेसमेंट के उत्तर, ईशान व पूर्व की ओर होनी चाहिए। इसके दक्षिण पश्चिम व नैऋत्य में होने से वहां निवास करने वाले परिवारों को अनेक प्रकार की विपत्तियों का सामना करना पड़ता है।

❑ आजकल बनने वाली कई बहुमंजिली इमारतों में पार्किंग की व्यवस्था इमारत के ग्राउंड फ्लोर पर रखी जाती है और इमारत के आधार को खंभों पर बनाकर बहुमंजिली इमारत का निर्माण किया जाता है। इस कारण ग्राउंड फ्लोर में ऊर्जा का प्रवाह मुक्त रूप से होता रहता है। ऐसी बहुमंजिली इमारतों में कभी भी फर्स्ट फ्लोर पर फ्लैट नहीं लेना चाहिए, क्योंकि इस फ्लोर पर रहने वालो का जीवन स्थिर नहीं रह पाता है। ऐसी बहुमंजिली इमारतों के अन्य फ्लोर पर फ्लैट लिया जा सकता है।

❑ जिस बहुमंजिली इमारत की लिफ्ट का बेस भूखंड के मध्य, दक्षिण, नैऋत्य या पश्चिम में 6 - 7 फिट गड्ढा करके बनाया गया हो, तो उस इमारत में फ्लैट बिल्कुल न लें। ऐसी बहुमंजिली इमारत के फ्लैट में रहने वालों का धन व स्वास्थ्य का नाश होता है।

❑ बहुमंजिली इमारत में इलेक्ट्रिक रूम या बिजली पैदा करने वाले जेनरेटर का कमरा दक्षिण पूर्व (आग्नेय) क्षेत्र में होना चाहिए।

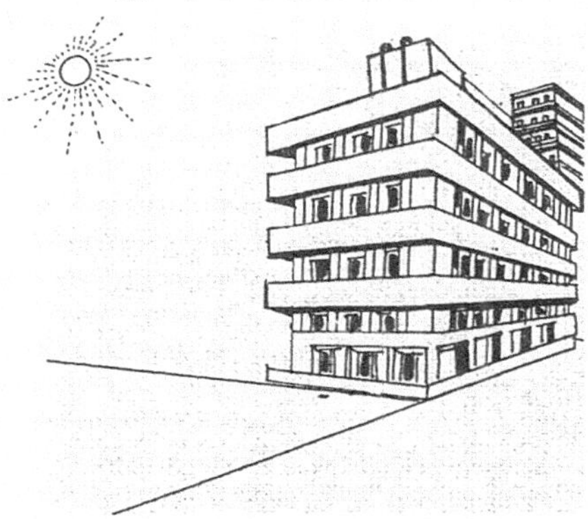

❑ बहुमंजिली इमारत का ओवर हैड वॉटर टैंक वायव्य कोण, पश्चिम या नैऋत्य कोण में होना चाहिए। ओवर हैड वॉटर टैंक कभी भी ईशान कोण में नहीं होना चाहिए।

❑ किसी भी बहुमंजिली इमारत में सबसे ऊपर वाली मंजिल पर फ्लैट लेने से पहले देख लें कि कहीं उस इमारत का ओवर हैड वॉटर टैंक आपके फ्लैट के ऊपर तो नहीं है। क्योंकि ऐसे फ्लैट में निवास करने वाले व्यक्ति अत्यधिक मानसिक तनाव में रहते हैं। यहां रहने वालो को कई बार डिप्रेशन की शिकायत भी रहती है।

❑ बहुमंजिली इमारत में ऊपर जाने की सीढ़ियां ईशान कोण में नहीं होनी चाहिए। सीढ़ियों का दक्षिण या पश्चिम में क्लॉक वाइज होना शुभ होता है। ऐसा फ्लैट जो सीढ़ियों के एक़दम सामने पड़ता हो उसे बिलकुल न खरीदें।

❑ फ्लैट का प्रवेश द्वार अवरोध रहित होनी चाहिए, किसी भी प्रकार का द्वार वेध होना शुभ नहीं होता।

❑ बहुमंजिली इमारत में भूखंड पर होने वाले वास्तु दोषों का प्रभाव ग्राउंड फ्लोर पर रहने वालो पर पूर्णतः पड़ता है और दूसरी, तीसरी, चौथी इत्यादि फ्लोर पर रहने वालो पर घटता जाता है। बहुमंजिली इमारत की सबसे ऊपरी मंजिल पर रहना अच्छा नहीं होता है।

❑ ऐसा फ्लैट खरीदें जहां सुबह सूर्य का प्रकाश आता हो, साथ ही फ्लैट खुला और हवादार हो। अतः फ्लैट में बालकनियां उत्तर, ईशान या पूर्व दिशा में निर्मित होनी चाहिए ताकि सूर्य से मिलने वाली जीवनदायी ऊर्जा का भरपूर लाभ मिल सके।

❑ बहुमंजिली इमारत के उत्तर, ईशान और पूर्व दिशा में छोटे–छोटे पौधे लगाने चाहिए, ताकि इन भवनों पर पड़ने वाली प्रातःकालीन सूर्य की सकारात्मक जीवनदायी किरणें बाधित न हों। विशाल वृक्ष दक्षिण, आग्नेय और पश्चिम दिशाओं में लगाए जा सकते हैं, ताकि भवन पर पड़ने वाली दोपहर पश्चात् की गर्मी व सूर्य की नकारात्मक हानिकारक किरणों से बचा जा सके।

❑ रसोईघर फ्लैट के आग्नेय कोण में होना श्रेष्ठतम होता है, यदि वहां न हो तो पश्चिम वायव्य में बना रसोईघर भी ठीक होता है। बाकी किसी भी दिशा में बनाना उचित नहीं है।

❑ फ्लैट के आग्नेय कक्ष के आग्नेय कोण में चूल्हे का प्रबंध करना अति उत्तम होता है, अतः रसोई में चूल्हा रखने का प्लेटफार्म पूर्व दिशा में बनाना चाहिए। ताकि चूल्हा पश्चिम मुखी रखा जा सके और भोजन बनाने वाला पूर्व मुखी होकर भोजन बना सके।

❑ किसी भी हालत में फ्लैट के ईशान कोण में रसोईघर नहीं होना चाहिए। ईशान कोण में चूल्हा रहने से गृहस्वामी दरिद्र हो जाते हैं।

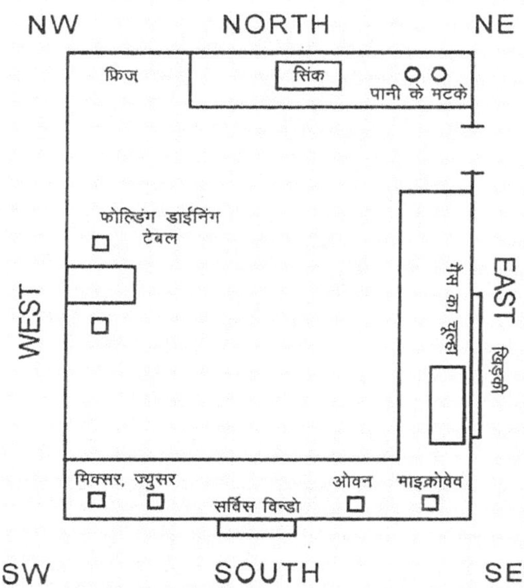

आदर्श आधुनिक रसोईघर

❑ वास्तुशास्त्र एवं फेंग शुई दोनों में जल को संपत्ति माना गया है, अतः रसोई, बाथरूम या घर में किसी भी जगह के नल का टपकना अशुभ होता है, इससे धन पानी की तरह बह जाता है अतः इनकी तुरंत मरम्मत करानी चाहिए।

❑ फेंग शुई के अनुसार बेड रूम के प्रवेश द्वार के सामने दाईं ओर के कोने में रोमांस के प्रतीक नर–मादा ''लव बर्डस्'' की जोड़ी या 'मेनडेरियन डक' के जोड़े की पेंटिंग, फोटो लगाना या मूर्ति रखना शुभ होता है। इससे अविवाहितों के विवाह होने के योग जल्दी बनते हैं और विवाहितों में आपसी स्नेह, प्यार बढ़ता है।

❑ फ्लैट में मास्टर बेड रूम व सीढ़ियों का ईशान कोण में होना अत्यंत अशुभ होता है।

❑ मास्टर बेड रूम दक्षिण पश्चिम (नैऋत्य) में होना चाहिए। अन्य शयन कक्ष दक्षिण, पश्चिम, उत्तर व पूर्व में बना सकते हैं। मास्टर बेड रूम ईशान कोण में कभी न बनाएं।

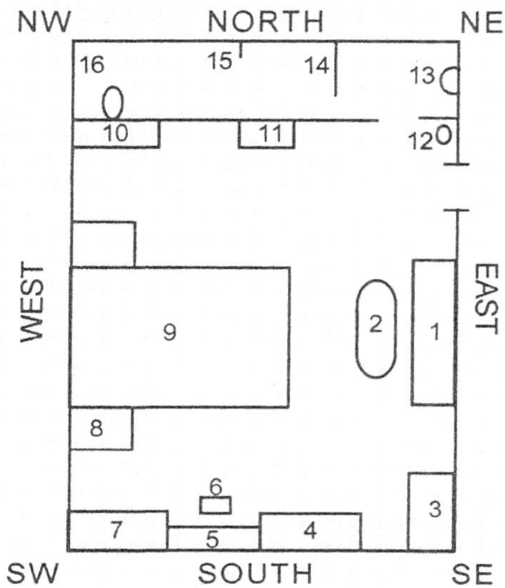

शयन कक्ष

1. सोफा
2. कॉफी टेबल
3. टी.वी. / कम्प्यूटर
4. अलमारी पत्नी के लिए
5. ड्रेसिंग टेबल
6. स्टूल
7. अलमारी पति के लिए
8. बेड साइड टेबल
9. पलंग
10. शो केस / अलमारी
11. कूलर / फ्रिज
12. पीने का पानी
13. वाश बेसिन
14. परदा / दरवाजा
15. शॉवर
16. कमोड

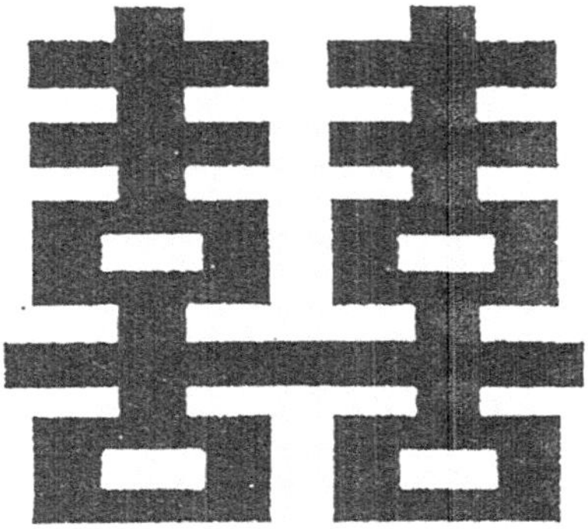

डबल हैप्पीनेस सिंबल

❑ फेंग शुई के अनुसार लाल रंग का 'डबल हैप्पीनेस सिंबल' बड़ा प्रभावकारी होता है। 'डबल हैप्पीनेस सिंबल' को जहां भी लगाते हैं वह क्षेत्र ऊर्जा से भर जाता है। इसे बेड रूम में प्रवेश द्वार के सामने वाली दीवार पर लगाना शुभ रहता है।

❑ फ्लैट के वायव्य कोण में घर की कन्याओं का एवं मेहमानों का कमरा होना शुभ होता है। कन्याओं का बेड रूम नैऋत्य कोण में कभी नहीं बनाना चाहिए।

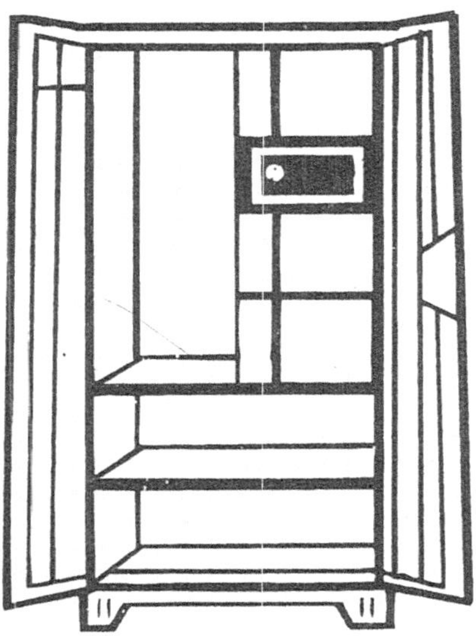

❑ फ्लैट में जिस अलमारी में कैश व आभूषण रखे जाते हैं, उसे दक्षिण या पश्चिम की दीवार से सटा कर रखें ताकि दराज उत्तर या पूर्व दिशा की ओर खुल सके, ईशान कोण में कभी भी तिजोरी या अलमारी नहीं रखनी चाहिए, इससे आर्थिक हानि होती है।

❑ फ्लैट में संभव हो तो ड्राइंग रूम ईशान कोण में व डाइनिंग हॉल पश्चिम में बनाना चाहिए। ड्राइंग व डाइनिंग नैऋत्य कोण में कभी नहीं बनाने चाहिए।

❑ ड्राइंग रूम के अंदर द्वार के सामने वाली दीवार के दाएं हाथ के कोने पर क्रिस्टल बॉल लगाने से यह कोना ज्यादा ऊर्जावान हो जाता है। इसको लगाने से आपके परिवार व अन्य मित्र बंधुओं से संबंध सुखद रहते हैं। जो आपकी प्रसिद्धि में चार चांद लगाते हैं।

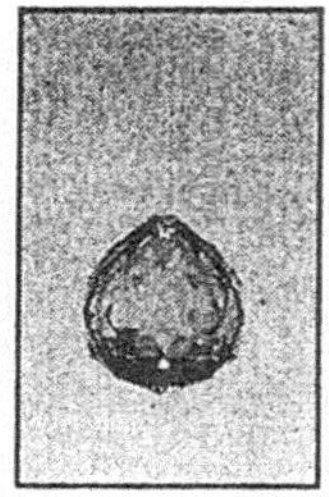

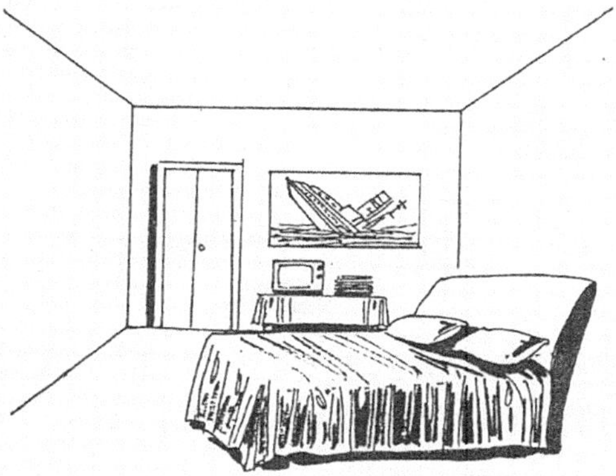

❑ फ्लैट के कमरों की दीवारों या परदों पर कहीं भी हिंसक पशु–पक्षियों के, उदासी भरे, रोते हुए, डूबते हुए सूरज या जहाज के, ठहरे हुए पानी की तस्वीरें, पेंटिंग या मूर्तियां नहीं लगानी चाहिए, यह जीवन में निराशा व तनाव के साथ–साथ दुर्भाग्य लाते हैं।

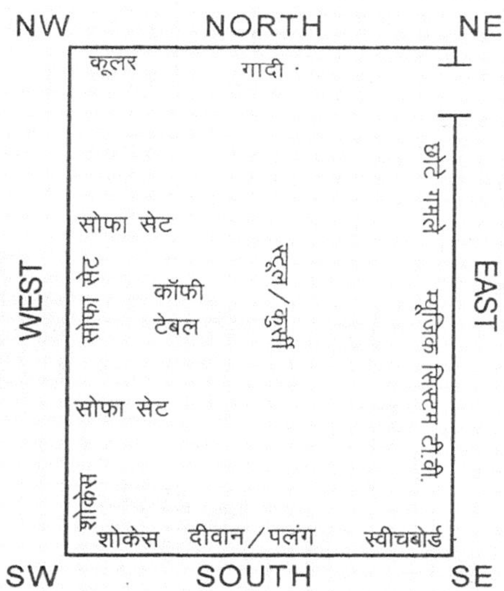

वास्तु अनुरूप ड्राइंग रूम

❑ फ्लैट में फिश पॉट में कुछ गोल्ड फिश मछलियां रखना भाग्य में वृद्धि करता है। इसमें आठ लाल या सुनहरी एवं एक काले रंग की मछली होनी चाहिए। मछली घर रखने का सबसे अच्छा स्थान ड्राइंग रूम होता है। इसे अंदर जाते समय ड्राइंग रूम के द्वार के दाएं हाथ पर रखना चाहिए।

❑ बच्चों के पढ़ने का कमरा फ्लैट में ईशान दिशा या पश्चिम दिशा में होना चाहिए, और बच्चे पढ़ते समय अपना मुंह पूर्व या उत्तर दिशा में रखकर पढ़ें तो कम मेहनत से अच्छे परिणाम ला सकते हैं।

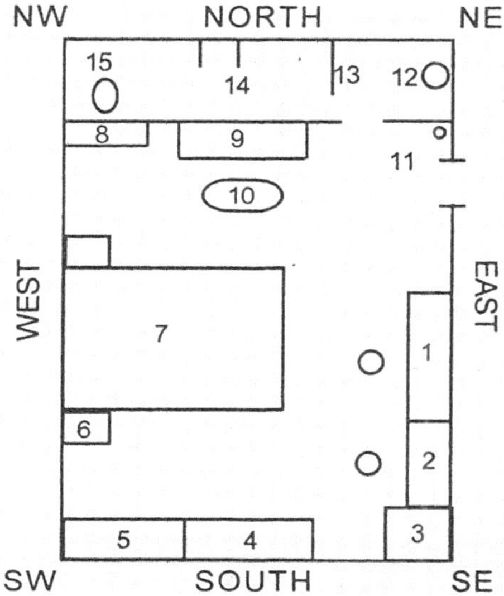

विद्यार्थियों का आदर्श स्टडी कम बेड रूम

1. स्टडी टेबल
2. कम्प्यूटर
3. टी.वी.
4. पुस्तकों की रैक
5. अलमारी
6. बेड साइड टेबल
7. बेड
8. ड्रेसिंग टेबल
9. सोफा
10. टी टेबल
11. पीने का पानी
12. वॉश बेसिन
13. परदा
14. नल
15. कमोड

❑ फ्लैट के ईशान कोण अर्थात् नार्थ ईस्ट में टॉयलेट होने से पैसा फ्लश होता है व अपयश मिलता है। आजकल टॉयलेट बाथरूम बहुत ज्यादा सजाने का फैशन चल रहा है। यह वास्तु विपरीत कार्य है। क्योंकि टॉयलेट ज्यादा सजाने से घर में एकत्रित सकारात्मक ऊर्जा फ्लश हो जाती है।

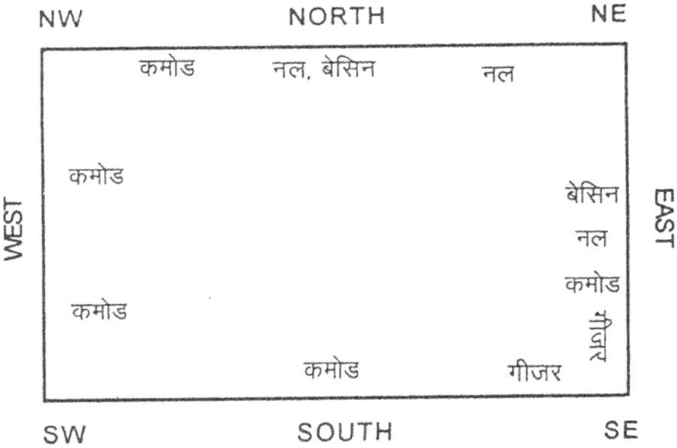

टॉयलेट / बॉथरूम

❑ फ्लैट के मल्टी का सैप्टिक टैंक उत्तर या पूर्व में होना चाहिए। यदि सैप्टिक टैंक ईशान कोण, नैऋत्य कोण व दक्षिण पश्चिम दिशा में हो तो उस बहुमंजिली इमारत में फ्लैट कभी न लें।

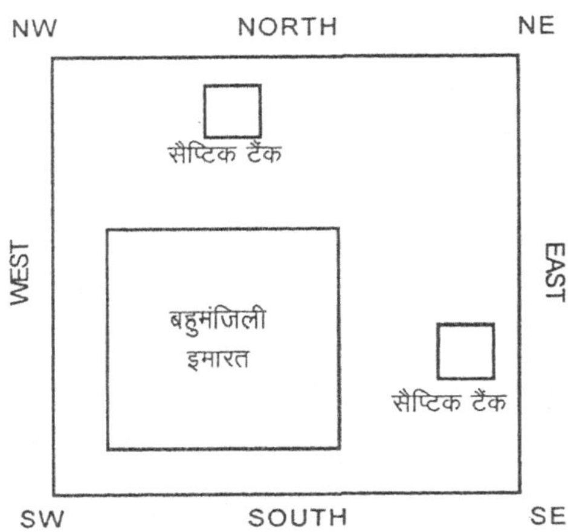

❑ फ्लैट में नागफनी, बोनसाई, सूखे फूल, जानवरों के सिर, खालें इत्यादि नकारात्मक ऊर्जा पैदा करते हैं, अतः इन्हें फ्लैट में न रखें।

❑ फ्लैट के बाहर लकड़ी, प्लास्टिक या किसी धातु से बनी अपने नाम की खूबसूरत नेमप्लेट अवश्य लगानी चाहिए, जो आपके यहां आने जांने वालो को अच्छी तरह दिखाई दे सके। आकर्षक नेमप्लेट लगाने से प्रसिद्धि में वृद्धि होती है।

❑ फेंग शुई के अनुसार फ्लैट के मुख्य दरवाजे के सामने ऊपर नीचे जाती सीढ़ियां होना शुभ नहीं होता है, अतः ऐसी स्थिति में मुख्य द्वार के बाहर 5 रॉड की विंड चाइम्स लटकाकर सकारात्मक ऊर्जा में वृद्धि कर इस दोष को दूर किया जा सकता है।

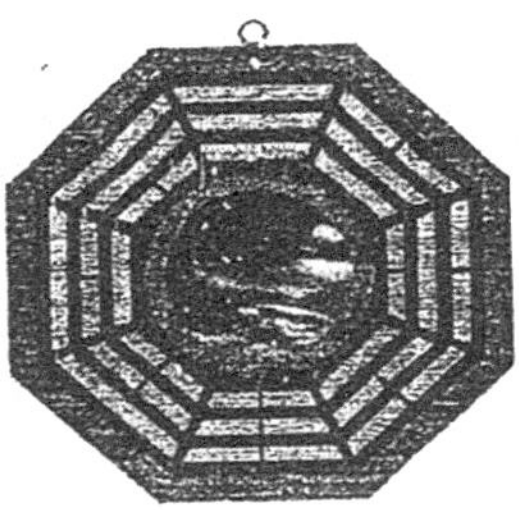

❑ फेंग शुई के अनुसार फ्लैट के मुख्य द्वार के सामने नीचे से आने वाली सीढ़ियों का अंत होना अशुभ होता है। ऐसी स्थिति में मुख्य द्वार की चौखट पर Concave Mirror लगा पा–कुआ PA-KUA लगाने से यह दोष दूर हो जाता है।

❑ फेंग शुई के अनुसार फ्लैट के मुख्य द्वार के सामने से ऊपर की ओर जाने वाली सीढ़ियों का प्रारम्भ होना अशुभ होता है। ऐसी स्थिति में मुख्य द्वार की चौखट के फ्लोर पर 2 इंच डोली उठानी चाहिए।

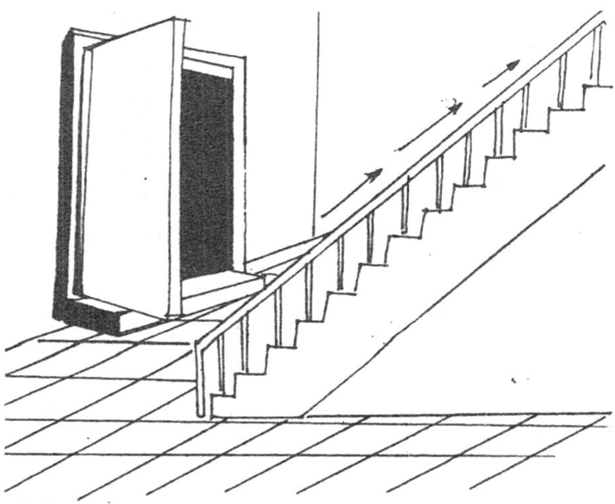

❑ फ्लैट के मुख्य प्रवेश द्वार के दाएं–बाएं सुंदर फूलों के गमले रखने चाहिए। यह भवन में प्रवेश करने वाली ऊर्जा को और अधिक सकारात्मक बनाते हैं। जो आपकी प्रसिद्धि को बढ़ाने में बहुत सहयोग देते हैं। ध्यान रहे यह पौधे चौड़ी पत्तियों वाले ही हों, पौधे कांटेदार या नुकीली पत्तियों वाले नहीं होने चाहिए।

❑ फ्लैट के मुख्य द्वार के दोनों ओर खिड़कियां होना दोषपूर्ण होता है। ऐसा माना जाता है इन खिड़कियों के माध्यम से भाग्य हवा के साथ बाहर बह जाती है। यदि ऐसी स्थिति हो तो खिड़कियों पर गोल पत्तियों वाले पौधे गमले में रंखने या लटकाने चाहिए।

❑ फेंग शुई में दर्पण का बहुत महत्त्व होता है। चीन में अष्ट कोणीय आकार को बहुत पवित्र माना जाता है। आठ कोणों वाले पा–कुआ मिरर जिसके मध्य में छोटा दर्पण लगा रहता है को बहुत पवित्र माना जाता है। छोटा दर्पण ऊर्जा को केंद्रित रख अधिक शक्तिशाली हो जाता है। पा–कुआ मिरर मुख्य द्वार या खिड़की के अंदर या बाहर लगाने से सामने से आकर प्रभावित करने वाली अशुभ ऊर्जा को (विषैले तीर) वापस लौटा देता है।

❑ अपनी आस्था के अनुसार, फ्लैट के मुख्य द्वार के बाहर मांगलिक प्रतीकों को प्रदर्शित करना चाहिए जैसे स्वास्तिक, ॐ, त्रिशूल, क्रास इत्यादि। इससे सौभाग्य, समृद्धि व प्रसिद्धि में वृद्धि होती है।

❑ फ्लैट के मुख्य द्वार पर कॉल बेल अवश्य लगानी चाहिए। कॉल बेल हमेशा चालू हालत में रखनी चाहिए। क्योंकि दरवाजा बजाकर या आवाज देकर सूचित करने से मुख्य द्वार पर एकत्रित सकारात्मक ऊर्जा नष्ट होती है।

❑ घर के मुख्य द्वार पर बाहर की ओर फूलों का गुलदस्ता या छोटी घंटियां लगानी चाहिए। इस तरह घर में सौभाग्य को न्यौता देना होता है।

❑ फ्लैट के मुख्य द्वार का अपने आप खुलना व बंद होना शुभ नहीं होता। दरवाजा खोलते या बंद करते समय आवाज करता हो, तो कब्जों में तेल डाल देना चाहिए।

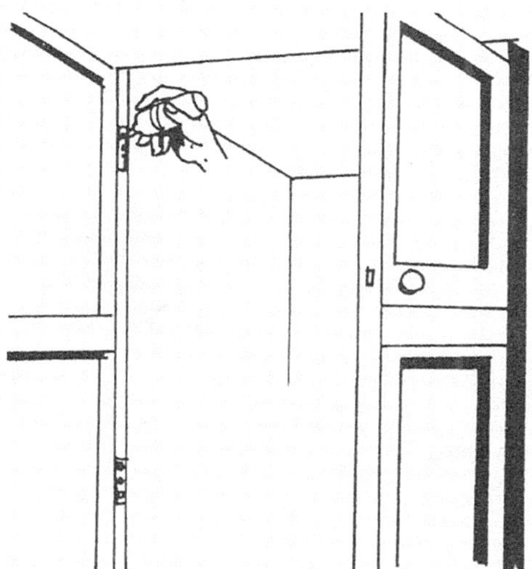

❑ फ्लैट का मुख्य द्वार क्लॉक वाइज बिना आवाज के पूरी तरह खुलना चाहिए ताकि अधिक मात्रा में सकारात्मक ऊर्जा घर में प्रवेश कर सके।

❑ फ्लैट के मुख्य द्वार के सामने जूते, चप्पल उतारना अशुभ होता है, जो सकारात्मक ऊर्जा को अंदर आने में से रोकती है।

❑ फ्लैट के मुख्य द्वार के पीछे किसी प्रकार की कोई चीज लटकाना अशुभ होता है, जो आपकी प्रसिद्धि में रुकावट पैदा करता है।

❑ फ्लैट के मुख्य द्वार पर व उसके आसपास समुचित साफ सफाई होनी चाहिए, ताकि सकारात्मक ऊर्जा को घर में प्रवेश करने में किसी प्रकार की रुकावट पैदा न हो।

❑ फ्लैट में सकारात्मक ऊर्जा को आमंत्रित करने के लिए मुख्य द्वार की साज–सज्जा जैसे कलर, पॉलिश इत्यादि हमेशा ठीक रखने चाहिए। टूटा, खराब, गंदा, जंग लगा हुआ मुख्य द्वार नकारात्मक ऊर्जा पैदा करता है, जो आपकी प्रसिद्धि के लिए घातक होता है।

❑ मुख्य द्वार पर किसी प्रकार का दर्पण नहीं लगाना चाहिए, क्योंकि इससे फ्लैट में आने वाली शुभ ऊर्जा परावर्तित होकर वापस चली जाती है। जो आपको मिलने वाले अच्छे अवसरों को वापस लौटा देती है।

❑ विश्व के कई देशों में घोड़े की नाल को बहुत भाग्यशाली माना जाता है। घोड़े की टांग में लगी नाल सतत दौड़ते रहने के कारण बहुत ऊर्जा प्राप्त कर लेती है। इसे फ्लैट के बाहर दरवाजे की चौखट पर लगाना अत्यंत शुभ होता है। इसको लगाते समय इसके दोनों सिरे नीचे की ओर होने चाहिए, ताकि अंग्रेजी वर्णमाला का उल्टा U बन जाए।

❑ फ्लैट में सुबह–शाम मंदिर में बजाई जाने वाली छोटी घंटी अवश्य बजानी चाहिए। घंटी बजाने से उसके द्वारा उत्पन्न कंपन से वहां व्याप्त नकारात्मक ऊर्जा का नाश होता हैं।

❑ रोजमर्रा के जीवन में साफ–सफाई के लिए घर की सफाई करनी जरूरी होती है। घर गंदा रहने से वहां रहने वालो के स्वास्थ्य पर बुरा प्रभाव पड़ता है। आजकल रोजमर्रा की अधिकतर वस्तुएं पैकिंग में आती हैं। इस कारण हर घर में रोजाना काफी कूड़ा निकलता रहता है। दिनभर निकलने वाले ऐसे कूड़े को कभी भी घर के ईशान कोण और मुख्य द्वार के सामने एकत्रित नहीं करना चाहिए। इन दो स्थानों को छोड़कर घर से निकलने वाला सभी प्रकार का कूड़ा–कचरा, घर में कहीं पर भी डस्टबिन में रखा जा सकता है।

❑ फ्लैट के मुख्य द्वार के सामने या दाएं–बाएं टॉयलेट दरवाजा खुलना अशुभ होता है और इससे नकारात्मक ऊर्जा पूरे घर में फैलती है। यदि ऐसा हो तो उस दरवाजे को बंद कर टॉयलेट का दरवाजा दूसरी दिशा में बना देना चाहिए।

❑ फ्लैट में साफ सफाई करते समय नमक के पानी का पोछा लगाने से नकारात्मक ऊर्जा नष्ट होती है व सकारात्मक ऊर्जा में वृद्धि होती है।

❑ फ्लैट के टॉयलेट में कांच की प्याली में सूखा समुद्री नमक रखना शुभ होता है। यह वहां चारों तरफ की अशुभ नकारात्मक ऊर्जा को ग्रहण Absorb कर लेता है। जब यह नमक नमी के कारण गीला हो जाए, तब इसको बदलते रहना चाहिए।

❑ फ्लैट में किसी भी प्रकार की बंद पड़ी घड़ी, टी.वी., टेप रिकार्डर, रेडियो इत्यादि न रखें। यह बंद पड़ी चीजें जीवन की तरक्की में रुकावट पैदा करती हैं, इससे आपकी जिंदगी में रूकावटें पैदा होती हैं।

❑ फ्लैट में अनावश्यक बेकार सामान, कबाड़, टूटा–फूटा फर्नीचर, मकड़ी के जाले आदि नकारात्मक ऊर्जा बढ़ाते हैं, और सकारात्मक ऊर्जा को अंदर आने से रोकते हैं।

❑ बड़े अस्पताल, श्मशान, कब्रिस्तान, बूचड़खाना, पुलिस थाना आदि के आसपास की बहुमंजिली इमारत में फ्लैट न खरीदें। ऐसे स्थानों पर हमेशा गमगीन वातावरण रहने से नकारात्मक ऊर्जा अधिक मात्रा में रहती है। जिससे उस इमारत में रहने वालो की मानसिक स्थिति पर बुरा असर पड़ता है।

ऑफिस – वास्तु एवं फेंग शुई

आजकल व्यावसायिक गतिविधियां ऑफिस बनाकर संचालित की जाती हैं, व्यवसाय में जबर्दस्त प्रतियोगिता होने के कारण, सफलता पाने के लिए हर उद्यमी को काफी जद्दोजहद करनी पड़ रही है। ऐसे कठिन दौर में ऑफिस का निर्माण व साज–सज्जा वास्तुशास्त्र एवं फेंग शुई के सिद्धांतों के अनुसार करना बहुत लाभदायक रहता है।

जो ऑफिस वास्तु अनुकूल नहीं होते हैं, उस जगह कार्य करने वाले कर्मचारियों की कार्यक्षमता प्रभावित होती है, कर्मचारियों में चिड़चिड़ापन रहता है, अधिकारियों व कर्मचारियों के मध्य विवाद होते रहते हैं। इसके अलावा ऑफिस में कई प्रकार की समस्याएं चलती रहती हैं। इसके विपरीत यदि ऑफिस वास्तु अनुकूल होता है, तो वहां का वातावरण खुशनुमा रहता है, वहां कार्यरत अधिकारी एवं कर्मचारी तनाव मुक्त रहते हैं, उनकी कार्यक्षमता अच्छी होती है, वे मिलजुल कर काम करते हुए प्रसन्न रहते हैं और समय–समय पर योग्यतानुसार प्रमोशन भी प्राप्त करते हैं।

ऑफिस के लिए वास्तु अनुरूप स्थान खरीद कर ऑफिस की सजावट इस प्रकार करें :

❑ ऑफिस के बाहर लकड़ी, प्लास्टिक या किसी धातु से बना ऑफिस का खूबसूरत साइनबोर्ड अवश्य लगाना चाहिए, जो आपके यहां आने–जाने वालो को अच्छी तरह दिखाई दे सके। आकर्षक साइनबोर्ड लगाने से ऑफिस की प्रसिद्धि में वृद्धि होती है।

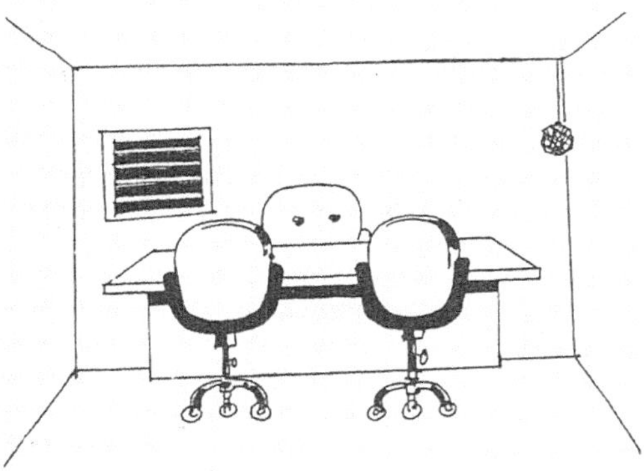

❑ फेंग शुई के अनुसार ऑफिस के अंदर द्वार के सामने वाली दीवार के दाएं हाथ के कोने पर क्रिस्टल बॉल लगाने से यह कोना ज्यादा ऊर्जावान हो जाता है। इसको लगाने से वहां कार्यरत कर्मचारियों के आगंतुकों के साथ संबंध सुखद रहते हैं।

❑ ऑफिस के मुख्य अधिकारी का कक्ष नैऋत्य कोण में होना चाहिए, तथा कक्ष का आकार वर्गाकार या आयताकार होना चाहिए। विषम आकार का कभी नहीं होना चाहिए।

❑ मुख्य अधिकारी को उत्तर या पूर्व दिशा की ओर मुंह करके कक्ष की दक्षिण या पश्चिम दिशा में बैठना चाहिए।

❑ मुख्य अधिकारी का कक्ष बेसमेंट या पतली गली में नहीं बनाना चाहिए।

❑ मुख्य अधिकारी के अधीनस्थ अधिकारियों एवं कर्मचारियों के कक्ष दक्षिण व पश्चिम दिशा में होने चाहिए।

❑ अकाउंट विभाग उत्तर या पूर्व दिशा में होना चाहिए, और अकाउंटेंट को उत्तरोन्मुखी होकर बैठना चाहिए।

❑ कैशियर का कक्ष ऑफिस की उत्तर दिशा में इस प्रकार होना चाहिए कि, कैशियर मुख्य द्वार से प्रवेश करने वाले प्रत्येक व्यक्ति पर दृष्टि रख सके।

❑ ऑफिस की सेफ अर्थात् कैश बॉक्स दक्षिण की दीवार से लगाकर रखनी चाहिए, ताकि सेफ का दरवाजा उत्तर दिशा की ओर खुल सके।

❑ स्वागत कक्ष ऑफिस के ईशान, उत्तर या पूर्व दिशा में बनाना चाहिए। स्वागत अधिकारी की बैठक व्यवस्था इस प्रकार हो कि, उसका मुंह उत्तर या पूर्व दिशा में रहे, ताकि आगंतुक का मुंह पश्चिम व दक्षिण दिशा में रहे।

❑ मार्केटिंग व सेल्स विभाग अर्थात् ऑउटडोर काम करने वाले कर्मचारियों का कक्ष वायव्य कोण में बनाना शुभ होता है।

❑ ऑफिस का डाक व संप्रेषण विभाग दक्षिण या पश्चिम दिशा में होना चाहिए।

❑ कांफ्रेंस हॉल, ऑफिस के उत्तर या पश्चिम वायव्य दिशा में रखना चाहिए जहां अंडाकार मेज व 15–20 व्यक्तियों के बैठने की व्यवस्था हो सके।

❑ कांफ्रेंस हॉल में प्रमुख अधिकारी की कुर्सी इस प्रकार रखनी चाहिए कि, वह पूर्व या उत्तर मुखी होकर इस प्रकार बैठे कि, कांफ्रेंस हॉल में दरवाजे से आने–जाने वाले व्यक्ति पर निगाह रख सके।

❑ यदि ऑफिस में फाइल रखने के लिए अलग से कक्ष की आवश्यकता हो, तो नैऋत्य कोण में यह बनाना चाहिए, यदि नैऋत्य में सम्भव न हो तो दक्षिण या पश्चिम में भी बना सकते हैं।

❑ ऑफिस की टेबल का वर्गाकार या आयताकार होना अच्छा रहता है। फेंग शुई के अनुसार अष्ट कोणीय, वर्गाकार टेबल भी शुभ मानी जाती है।

❑ ऑफिस की टेबल इस प्रकार रखी जानी चाहिए कि उस पर कार्य करने वाला दरवाजे से अंदर प्रवेश करने वाले को भली–भांति देख सके।

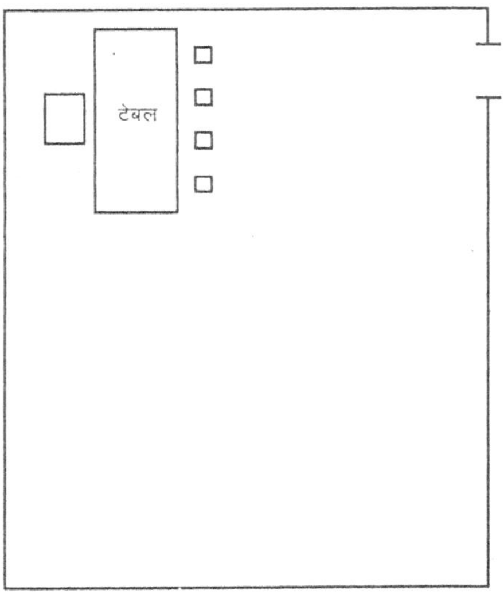

ऑफिस के दरवाजे के सामने रखी टेबल

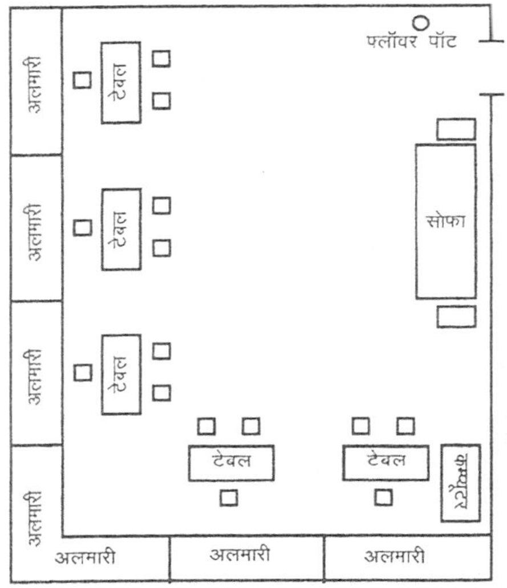

ऑफिस में बैठने की आदर्श व्यवस्था

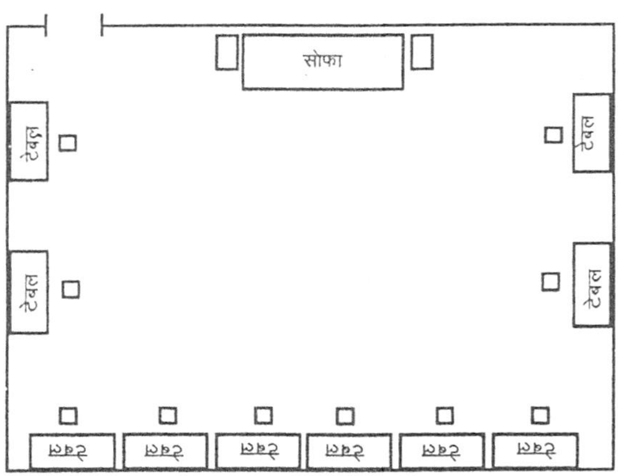

ऑफिस में गलत बैठक व्यवस्था

❑ ऑफिस में दरवाजे के ठीक सामने टेबल नहीं रखनी चाहिए, इससे वहां कार्यरत कर्मचारी को मानसिक तनाव रहने से उसकी कार्यक्षमता प्रभावित होती है।

❑ अधिकारियों व कर्मचारियों को किसी बीम या परछत्ती के नीचे बैठकर कार्य नहीं करना चाहिए, इससे मानसिक तनाव उत्पन्न होता है। यदि जगह के अभाव के कारण बीम के नीचे बैठकर कार्य करना मजबूरी हो, तो फेंग शुई के अनुसार बीम के दोनों ओर 2 बांसुरी लाल रिबन में बांधकर 45^0 कोण में लगाकर इस दोष को दूर किया जा सकता है।

❑ ऑफिस में टेबल कुर्सियां इस प्रकार लगी होनी चाहिए, कि कार्य करते समय कर्मचारी पूर्वोन्मुखी या उत्तरोन्मुखी रहें। किसी भी अधिकारी या कर्मचारी की पीठ दरवाजे की तरफ नहीं होनी चाहिए।

❑ टेबल का आकार कक्ष के आकार के अनुपात में न बहुत छोटा हो न बहुत बड़ा, बहुत बड़ा होने से वहां कार्य करने वाला हमेशा थकान महसूस करता है, और बहुत छोटी टेबल आत्मविश्वास में कमी लाती है।

❑ टेबल पर टेलीफोन व फैक्स टेबल के आग्नेय कोण में रखने चाहिए। पानी का गिलास टेबल के ईशान कोण में रखना चाहिए।

❑ ऑफिस के किसी भी कक्ष में कम्प्यूटर आग्नेय कोण में रखना चाहिए।

❑ ऑफिस में फाइल, स्टेशनरी व अन्य सामान रखने की अलमारियां प्रत्येक कक्ष की दक्षिण या पश्चिम दिशा में रखनी चाहिए।

❑ ऑफिस के स्टाफ के लिए मनोरंजन कक्ष ऑफिस की वायव्य दिशा में होना चाहिए।

❑ ऑफिस की दीवारों व पर्दों का कलर लाइट होना चाहिए। इससे वहां कार्यरत कर्मचारियों के दिमाग में शांति रहती है। गहरे रंग उग्रता लाते हैं।

❑ यदि आप ऑफिस में फ्लॉवर पॉट रखना चाहें, तो किसी भी कक्ष के ईशान या पूर्व दिशा में ही रखना चाहिए।

❑ ऑफिस के किसी भी कमरे की दीवारों एवं परदों पर कहीं भी हिंसक पशु–पक्षियों के, उदासी भरे, रोते हुए, डूबते हुए सूरज या जहाज के, ठहरे हुए पानी की तस्वीरें, पेंटिंग या मूर्तियां न लगाएं, यह कर्मचारियों के जीवन में निराशा पैदा करती हैं। जिससे कार्य क्षमता प्रभावित होती है।

❑ वास्तु एवं फेंग शुई दोनों में जल को संपत्ति माना गया है अतः ऑफिस में किसी भी जगह के नल का टपकना अशुभ होता है, इससे धन पानी की तरह बह जाता है। अतः इनकी तुरंत मरम्मत करानी चाहिए।

❑ ऑफिस में पीने के पानी की व्यवस्था, वॉटर कूलर उत्तर या पूर्व में रखे जा सकते हैं। किचन या पेंट्री की व्यवस्था आग्नेय कोण में करनी चाहिए।

❑ ऑफिस के मुख्य द्वार के सामने या दाएं–बाएं टॉयलेट के दरवाजा का खुलना अशुभ होता है और इससे नकारात्मक ऊर्जा पूरे घर में फैलती है। यदि ऐसा हो तो उस दरवाजे को बंद कर टॉयलेट का दरवाजा दूसरी दिशा में बना देना चाहिए।

❑ किसी भी कर्मचारी को ऑफिस में टॉयलेट के दरवाजे की ओर मुंह करके नहीं बैठना चाहिए।

❑ अधिकारियों के कक्ष के साथ यदि टॉयलेट हो, तो ध्यान रहे वह कक्ष के ईशान कोण में नहीं होना चाहिए।

❑ ऑफिस में साफ सफाई करते समय नमक के पानी का पोछा लगाने से नकारात्मक ऊर्जा नष्ट होती है व सकारात्मक ऊर्जा में वृद्धि होती है।

❑ ऑफिस के टॉयलेट में कांच की प्याली में सूखा समुद्री नमक रखना शुभ होता है। यह वहां चारों तरफ की अशुभ नकारात्मक ऊर्जा को ग्रहण (Absorb) कर लेता है। जब यह नमक नमी के कारण गीला हो जाए तब इसको बदलते रहना चाहिए।

❑ ऑफिस में किसी भी प्रकार की बंद पड़ी घड़ी, टेलीफोन, फैक्स, फोटोकॉपी मशीन इत्यादि नहीं होने चाहिए। यह बंद पड़ी चीजें वहां के कर्मचारियों के जीवन में रुकावटें पैदा करती हैं।

❑ ऑफिस बड़े अस्पताल, श्मशान, कब्रिस्तान, बूचड़खाना आदि के आसपास की इमारत में न खरीदें। क्योंकि ऐसे स्थानों से निकलने वाली अशुभ ऊर्जा आसपास रहने वालो को प्रभावित करती है। यदि इनके मध्य में सार्वजनिक सड़क हो तो इनका दुष्प्रभाव समाप्त हो जाता है।

पेंट हाउस और वास्तु

संयुक्त अरब अमीरात (यू.ए.ई.) की मेरी 17वीं यात्रा के दौरान शारजाह के मि. अशोक शेट्टी ने मुझे अपने पेंट हाउस पर डिनर के लिए आमंत्रित किया। मि. शेट्टी का पेंट हाउस शारजाह की एक बहुमंजिली इमारत की ऊपरी छत पर था। पेंट हाउस की सजावट बहुत ही भव्य एवं सुरुचिपूर्ण थी। बातचीत के दौरान मि. शेट्टी ने बताया कि उनका जनरल ट्रेडिंग का कारोबार है। भाग्य की कृपा से पिछले कुछ सालों में अच्छे अवसर मिले। सालभर पहले ही वन बेड रूम हॉल का फ्लैट छोड़कर यहां शिफ्ट हुआ हूं, पर जब से यहां आया हूं, उसके बाद से कारोबार में बहुत नुकसान हो रहा है, कारण समझ में नहीं आ रहा है। जबकि वही पुराना कारोबार और कारोबार का तरीका भी वही है।

वास्तुशास्त्री होने के कारण मेरे पास हमेशा घड़ी की तरह हाथ में पहना जाने वाला कंपास रहता है। जब भी किसी नए घर में जाता हूं तो स्वाभाविक रूप से कंपास पर निगाह चली जाती है। जब मि. शेट्टी के पेंट हाउस पर गया था उसी समय मैंने अंदाजा लगा लिया था कि, इस पेंट हाउस का निर्माण वास्तु अनुरूप नहीं हुआ है, निश्चित रूप से मि. शेट्टी परेशान होंगे।

मि. शेट्टी का पेंट हाउस में कमरों का निर्माण उत्तर–पूर्व व ईशान कोण में हुआ था। दक्षिण पश्चिम नैॠत्य खुला हुआ था, जहां उनका किचन गार्डन था। वहीं पर मध्य में टेबल टेनिस व स्नूकर की टेबल भी रखी हुई थी और ईशान कोण में मास्टर बेड रूम था, जिसमें टॉयलेट बाथरूम अटैच था। यह सभी वास्तु विपरीत परिस्थितियां थीं।

यू.ए.ई. में सभी विदेशी किराये के घरों में रहते हैं, वहां कोई विदेशी अपनी संपत्ति नहीं खरीद सकता। बहुमंजिली इमारत में किसी भी प्रकार का परिवर्तन कर पाना भी लगभग असंभव होता है। इसलिए मैंने उन्हें सलाह दी कि इस

पेंट हाउस को छोड़कर किसी वास्तु अनुरूप बने घर में शिफ्ट हो जाइए तो ही बेहतर होगा। उन्हें मेरी बात पर मानसिक रूप से तैयार होने में एक वर्ष का समय लगा। आखिर में परेशान होकर वह मेरी सलाह को मानते हुए वास्तु अनुरूप फ्लैट में शिफ्ट हो गए।

थोड़े समय बाद ही मि. शेट्टी की सभी परिस्थितियां पुनः ठीक हो गयी हैं। अब उनका कारोबार अच्छा चल रहा है। इसी कारण पिछले दिनों मि. शेट्टी ने दक्षिण भारत के शहर मंगलौर में जमीन जायदाद में भारी इंवेस्टमेंट किया है।

आजकल नवधनाढ्य वर्ग में भवन या बहुमंजिली इमारत की ऊपरी छत पर पेंट हाउस बनाने का प्रचलन बढ़ता जा रहा है। जहां नवविवाहित दंपत्ति, शौकीन लोग इत्यादि अपने पेंट हाउस को बड़े सुरुचिपूर्ण ढंग से सजाकर रहते हैं।

यदि पेंट हाउस खरीदते या बनाते समय वास्तु के नियमों का पालन किया जाए तो वहां रहने से जीवन का आनन्द कई गुना बढ़ जाता है और लोगों पर अपना अच्छा प्रभाव भी पड़ता है।

- अच्छे भाग्य के लिए, छत पर पेंट हाउस में रहने के कमरों का निर्माण कार्य उत्तर व पूर्व दिशा में ज्यादा जगह छोड़कर दक्षिण, पश्चिम दिशा में, आयताकार या वर्गाकार आकार में करना चाहिए। साथ ही कोशिश करनी चाहिए कि अंदर बने सभी कमरे भी समकोण वाले हों। इस प्रकार वास्तु अनुरूप बने पेंट हाउस में सुखद व शानदार जीवन बिताया जा सकता है।
- पेंट हाउस की चहारदीवारी एवं भवन की उत्तर, पूर्व एवं ईशान दिशा का दबा, कटा एवं गोल होना बहुत अशुभ होता है, इसके विपरीत इन दिशाओं का बड़ा होना बहुत शुभ होता है।
- पेंट हाउस में अंदर आने–जाने का रास्ता जहां, चित्र में राइट के निशान लगे हैं, के अनुसार रखना चाहिए। जहां क्रॉस के निशान हैं, उस जगह पर प्रवेश द्वार रखने से जीवन में विभिन्न प्रकार की परेशानियों का सामना करना पड़ता है।

- पेंट हाउस में ईशान कोण अर्थात् नार्थ ईस्ट में टॉयलेट होने से पैसा फ्लश होता है जिससे आर्थिक कष्ट आते हैं। आजकल टॉयलेट बाथरूम बहुत ज्यादा सजाने का फैशन चल रहा है। यह वास्तु विपरीत कार्य है। क्योंकि टॉयलेट ज्यादा सजाने से मकान में एकत्रित सकारात्मक ऊर्जा फ्लश हो जाती है।
- पेंट हाउस में स्वीमिंग पूल का निर्माण उत्तर या पूर्व दिशा में करना चाहिए।
- वास्तु एवं फेंग शुई में जल को संपत्ति माना गया है, अतः रसोई, बाथरूम या पेंट हाउस में किसी भी जगह के नल का टपकना अशुभ होता है, इससे धन पानी की तरह बह जाता है। अतः इनकी तुरंत मरम्मत करानी चाहिए।
- अच्छे स्वास्थ्य के लिए पेंट हाउस में पूजा का स्थान ईशान कोण में रखना चाहिए, ताकि सूर्य से मिलने वाली सुबह की जीवनदायी किरणों का भरपूर लाभ लिया जा सके।
- चिंतन व ध्यान, योग इत्यादि में रुचि हो तो इसकी व्यवस्था ईशान या पूर्व में रखनी चाहिए। पढ़ने में रुचि हो तो लाइब्रेरी पश्चिम दिशा में स्थापित कर सकते हैं।
- पेंट हाउस पर हेल्थ क्लब, मसाज कक्ष, स्टीम बॉथ इत्यादि का निर्माण वायव्य कोण में करना चाहिए। अपने व मेहमानों के मनोरंजन के लिए इनडोर गेम्स जैसे – टेबल टेनिस, स्नूकर टेबल इत्यादि की व्यवस्था इसके आसपास कर सकते हैं।
- पेंट हाउस में रहने के कमरे दक्षिण पश्चिम या नैऋत्य कोण में होने चाहिए और कमरों में पूर्व व उत्तर की ओर ज्यादा खिड़कियां रखना चाहिए। कमरों में पलंग इस प्रकार लगाने चाहिए कि सोने वालो के सिर दक्षिण में, पैर उत्तर की ओर हों।
- पेंट हाउस कभी भी ऐसे स्थान पर न बनाएं जहां ऊपर से हाईटेंशन बिजली की तारें निकलती हों। इनसे निकलने वाली इलेक्ट्रो मैगनेटिक तरंगें जो कि काफी खतरनाक होती हैं वहां रहने वालो के स्वास्थ्य को प्रभावित करेंगी।

- बिजली के मीटर, ट्रांसफार्मर, जेनरेटर अन्य विद्युत उपकरण की व्यवस्था आग्नेय कोण में करनी चाहिए।
- घर पर आयोजित होने वाली पार्टियों के लिए बार बी क्यू की व्यवस्था भी पेंट हाउस के आग्नेय कोण में करनी चाहिए।
- ओवर हैड वाटर टैंक का निर्माण पश्चिम वायव्य से लेकर दक्षिण नैऋत्य में मध्य कहीं भी कर सकते हैं।
- पेंट हाउस की अंदर व बाहर की दीवारों का रंग रोगन सुरुचिपूर्ण हल्के रंग का करना चाहिए। इससे परिवार में शांति रहती है गहरे रंग शुरू में तो अच्छे लगते हैं पर धीरे–धीरे वहां रहने वालो के स्वभाव में उग्रता लाते हैं।
- पेंट हाउस पर उत्तर व पूर्व दिशा में उद्यान बनाया जा सकता है। यदि आप ग्रीन हाउस बनाना चाहें, तो आग्नेय या वायव्य कोण में बना सकते हैं, ध्यान रहे, इसकी ऊंचाई मुख्य भवन से नीची रहनी चाहिए।
- कैक्टस, नुकीली पत्तियों वाले, दूध वाले पौधों को पेंट हाउस में उगाना बहुत अशुभ होता है। ध्यान रहे, अधिकतर पेड़ों से निकलने वाला दूध जहरीला होता है। ऐसे पेड़–पौधों का दूध आंखों में चला जाए, तो आंखें खराब हो जाती हैं, और कई बार आंखों की रोशनी तक चली जाती है।
- पेंट हाउस के बेड रूम के अंदर कभी भी पौधे नहीं रखने चाहिए, क्योंकि यह पौधे रात को कार्बन डाईआक्साइड छोड़ते हैं, इस कारण बेड रूम में सोने वालो का स्वास्थ्य खराब होता है।
- पेंट हाउस के गार्डन में सहारा लेकर ऊपर चढ़ने वाली बेल मुख्य द्वार व भवन के आसपास न लगाएं। इस प्रकार चढ़ने वाली बेलें कठिनाइयां पैदा करती हैं।
- पेंट हाउस के मुख्य प्रवेश द्वार पर भरपूर रोशनी रखनी चाहिए एवं द्वार के दाएं–बाएं सुंदर फूलों के गमले रखने चाहिए। यह भवन में प्रवेश करने वाली सकारात्मक ऊर्जा को और अधिक सकारात्मक बनाते हैं। जो आपकी समृद्धि को बढ़ाने में बहुत सहयोग देते हैं। ध्यान रहे यह

पौधे चौड़ी पत्तियों वाले ही हों, कांटेदार या नुकीली पत्तियों वाले नहीं होने चाहिए।

- अपनी आस्था के अनुसार, मुख्य द्वार के बाहर मांगलिक प्रतीकों को प्रदर्शित करना चाहिए जैसे स्वास्तिक, ॐ, त्रिशूल, क्रॉस इत्यादि। इससे सौभाग्य में वृद्धि होती है।
- नागफनी, सूखे फूल, जानवरों के सिर, खालें इत्यादि नकारात्मक ऊर्जा पैदा करते हैं। अतः इन्हें पेंट हाउस में नहीं रखना चाहिए।
- बोनसाई के पौधे पेंट हाउस में कभी भी नहीं रखने चाहिए, चाहे यह देखने में सुंदर लगें पर यह जीवन के सामान्य विकास एवं समृद्धि में बाधा के प्रतीक हैं।
- घर में किसी भी प्रकार की बंद पड़ी घड़ी, टी.वी., टेप रिकार्डर, रेडियो इत्यादि नहीं होने चाहिए। यह बंद पड़ी चीजें जीवन की तरक्की में रुकावट पैदा करती हैं।
- असफल या अभागे व्यक्ति का पेंट हाउस नहीं खरीदना चाहिए। क्योंकि वहां निश्चित रूप से कोई न कोई वास्तुदोष होता है, जो कि आपको भी परेशान कर आपकी जिंदगी को दुःखद बना देगा। ऐसे पेंट हाउस का उपयोग वास्तुदोष दूर करके किया जा सकता है।

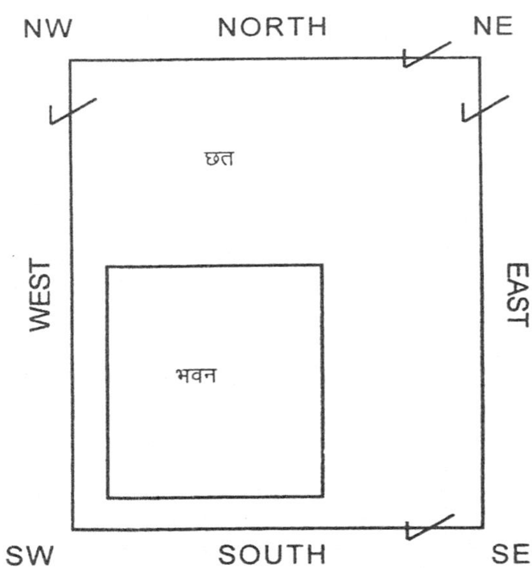

किरायेदार और वास्तु

बढ़ती हुई महंगाई के जमाने में लोग अपनी आमदनी बढ़ाने के लिए आय के विभिन्न स्रोतों की तलाश में रहते हैं। उसमें से एक निश्चित आय का स्रोत होता है, किराये की आमदनी। इस आमदनी को पाने के लिए मकान मालिक अपने मकान का कुछ भाग किराये पर दे देते हैं।

पिछले वर्ष ही दिल्ली के श्री गोयल साहब ने अपनी आय बढ़ाने के लिए अपने मकान का कुछ भाग किराये पर दिया, और यह सोचा, कि चलो अब आमदनी बढ़ने से रोजमर्रा के खर्चे में थोड़ी राहत मिलेगी, और सुकून से रहा जा सकेगा। पर घर का कुछ भाग किराये पर देने के तीन–चार माह बाद ही उन्हें लगा कि जिंदगी पहले से काफी कठिन होती जा रही है, बजाय सुकून मिलने के कई अकारण परेशानियां पैदा हो रही हैं। पैसा जुड़ने की जगह काफी बर्बाद हो रहा है। देखते ही देखते थोड़े समय बाद किरायेदार से बिना किसी विशेष कारण के विवाद भी शुरू हो गए। कोर्ट कचहरी की बातें होने लगीं। इसी दौरान वह मेरे संपर्क में आए, उन्होंने मुझे अपने हालात से अवगत कराया। श्री गोयल के घर का निरीक्षण करने पर मुझे कारण समझ में आ गया। उनसे अंजाने में मकान किराए पर देते समय वास्तु सिद्धांतों की अवहेलना हो गई थी। श्री गोयल ने अपने मकान का ईशान कोण व पूर्व का भाग किराये पर दिया हुआ था। किरायेदार का घर में जाने का रास्ता पूर्व आग्नेय से था, और श्री गोयल साहब के घर जाने का रास्ता किराये पर देने के बाद आग्नेय कोण में हो गया था।

वास्तुशास्त्र का सिद्धांत है कि मकान का ईशान कोण दबा, कटा या छोटा होना अशुभ होता है, आग्नेय कोण में घर का प्रवेश द्वार विवाद पैदा करता है।

गोयल साहब ने मेरी सलाह पर अपने किरायेदार से सुलह कर ली, और किरायेदार से मकान खाली कराकर मकान को पुनः पुरानी स्थिति में ले आए। यह परिवर्तन होते ही पुनः उनका जीवन धीरे–धीरे सुखद होता चला गया।

जनमानस में यह धारणा है कि जिस मकान में रहते हैं उसका कोई भाग

किराये पर देना शुभ नहीं होता है, यह धारणा पूर्णतः गलत है। मकान के कुछ भाग को किराये पर दिया जा सकता है। मकान किराये पर देते समय यदि वास्तुशास्त्र के कुछ सामान्य सिद्धांतों का पालन किया जाए, तो वहां रहने वाले मकान मालिक व किरायेदार आपसी स्नेह, प्यार के साथ सम्मानपूर्वक रह सकते हैं, साथ ही मकान मालिक को एक निश्चित आमदनी भी प्राप्त होने लगेगी।

मकान का कोई भाग किराये पर देते समय ध्यान रखें कि मकान का उत्तर, ईशान व पूर्व का भागं किराये पर बिलकुल नहीं दिया जाए। यह भाग मकान मालिक को स्वयं के लिए ही रखना चाहिए। किराये पर केवल दक्षिण, पश्चिम या नैऋत्य का भाग ही देना चाहिए।

यदि मकान के पूर्व में सड़क हो, तो पूर्व आग्नेय, दक्षिण व पश्चिम का भाग किराये पर देना चाहिए, और ईशान, पूर्व की ओर मकान मालिक को रहना चाहिए।

यदि मकान के उत्तर में सड़क हो, तो उत्तर वायव्य, दक्षिण आग्नेय, दक्षिण, पश्चिम का भाग किराये पर देना चाहिए, और उत्तर, ईशान व पूर्व की ओर मकान मालिक को स्वयं के लिए रखना चाहिए।

यदि किरायेदार मकान छोड़कर चले जाते हैं, तब मकान का दक्षिण पश्चिम का भाग खाली हो जाता है दक्षिण पश्चिम भाग का खाली रहना कई प्रकार की परेशानियां पैदा करता है। ऐसी स्थिति में जब तक नया किरायेदार न आए, उस खाली स्थान का स्वयं उपयोग करना चाहिए। क्योंकि उत्तर पूर्व दिशा में भार रखकर दक्षिण पश्चिम दिशा खाली रखने से भयंकर हानि की संभावना रहती है।

वास्तुदोषों का प्रभाव जितना मकान मालिक पर पड़ता है, उतना ही किरायेदार पर भी पड़ता है। अतः किराये पर मकान देते या लेते समय वास्तु सिद्धांतों की अवहेलना करने का दुष्परिणाम दोनों को भुगतना पड़ता है।

अच्छा तो यह होता है कि मकान बनाते समय ही इस बात का ध्यान रखा जाए कि, जरूरत पड़ने पर किराये पर देते समय मकान का विभाजन वास्तु अनुरूप तरीके से हो सके। मकान का विभाजन इस प्रकार होना चाहिए कि किरायेदार व मकान मालिक दोनों को वर्गाकार या आयताकार स्थान उपयोग करने को मिले। मकान की कोई भी दिशा व भाग कटा हुआ या बढ़ा हुआ न हो। मकान मालिक व किरायेदार दोनों के प्रवेश द्वार भी वास्तु अनुरूप हो।

बैंक और वास्तु

आधुनिक युग में व्यवसाय के लेन–देन, व्यवसाय के लिए कर्ज, जमा पूंजी का सुरक्षित निवेश, कीमती सामान रखने के लिए लॉकर, घर बनाने एवं वाहन खरीदने के लिए ऋण इत्यादि के लिए बैंक की उपयोगिता दिन–प्रतिदिन बढ़ती जा रही है। आज महानगरों से लेकर छोटे–छोटे कस्बों में भी बैंक अपनी शाखाएं खोलते जा रहे हैं। ग्राहकों को आकर्षित करने के लिए बैंकों द्वारा विभिन्न प्रकार की सुविधाएं प्रदान की जा रही हैं।

देखने–सुनने में आता है कि बैंकों की कुछ शाखाएं अच्छा व्यवसाय कर अच्छा लाभ अर्जित कर रही हैं इसके विपरीत कुछ शाखाएं प्रारंभ से ही भारी घाटे में चल रही हैं। कई बैंकों के साथ धोखाधड़ी भी हुई है और कई शाखाओं में ग्राहकों के साथ धोखाधड़ी व लूटमार की खबरें सुनने को मिलती रहती हैं।

मेरे गृहनगर स्थित एक बैंक की मुख्य शाखा कई सालों से घाटे में चल रही है, अधिकारियों एवं कर्मचारियों में सामंजस्य की कमी है, वहां ग्राहकों को उचित सम्मान भी नहीं दिया जाता है एवं अन्य कई समस्याएं हैं। इसका मुख्य कारण उस शाखा के प्लॉट एवं भवन में महत्वपूर्ण वास्तुदोष होना है। प्लॉट का ईशान कोण दब गया है। बैंक भवन के मध्य में बेसमेंट के अंदर स्ट्रांगरूम हैं। बैंक का मुख्य प्रवेश द्वार दक्षिण नैऋत्य में व दूसरा प्रवेशद्वार दक्षिण आग्नेय में है।

यदि बैंक की शाखा खोलते समय वास्तु के नियमों का पालन किया जाए तो, वहां कार्य करने वाले अधिकारियों एवं कर्मचारियों के मध्य सामंजस्य रहता है। ग्राहक भी प्रसन्न रहते हैं। ऐसी बैंक शाखाएं सफलतापूर्वक चलकर अच्छा लाभ भी अर्जित करती हैं।

- ❑ बैंक की शाखा ऐसे भवन में खोलनी चाहिए जो, भवन समकोण आकार के प्लॉट पर समकोण आकार में ही बना हो। अनियमित आकार के प्लॉट पर बने भवन में बैंक की शाखा नहीं खोलनी चाहिए।

- यदि बैंक भवन किसी बड़े प्लॉट पर बनाया गया हो तो प्लॉट का ज्यादा खुला स्थान दक्षिण, पश्चिम दिशा की तुलना में पूर्व एवं उत्तर दिशा में अधिक होना चाहिए।
- बैंक भवन व प्लॉट की उत्तर, पूर्व एवं ईशान दिशा का दबा, कटा एवं गोल होना बहुत अशुभ होता है, ऐसे भवन में खोली गई बैंक शाखा हमेशा घाटे में रहती हैं। हां, इसके विपरीत प्लॉट का इन दिशाओं का बड़ा होना बहुत शुभ होता है।
- बैंक शाखा उसी भवन में खोलनी चाहिए जहां भूमिगत पानी का स्रोत उत्तर, पूर्व दिशा या ईशान कोण में हो। इसके अलावा किसी और दिशा में भूमिगत पानी का स्रोत हो तो वहां शाखा नहीं खोलनी चाहिए। ओवर हैड वॉटर टैंक दक्षिण या पश्चिम दिशा में हो।
- बैंक के फर्श का लेवल समतल या उत्तर, पूर्व एवं ईशान कोण में नीचा और दक्षिण, पश्चिम और नैऋत्य कोण में ऊंचा होना चाहिए।
- बैंक का मुख्य प्रवेश द्वार एवं निकासी द्वार पूर्व ईशान, दक्षिण आग्नेय, पश्चिम वायव्य या उत्तर ईशान में होना चाहिए। कभी भी पूर्व आग्नेय, दक्षिण या पश्चिम नैऋत्य या उत्तर वायव्य में प्रवेश द्वार नहीं होना चाहिए।
- बैंक में बिजली के मीटर, जेनरेटर अन्य विद्युत उपकरण की व्यवस्था आग्नेय कोण में करनी चाहिए।
- बैंक की दीवारें, परदे एवं फर्नीचर आदि का रंग हल्का पीला या क्रीम रंग का होना चाहिए। पीला रंग धन के देवता कुबेर का है।
- बैंक में मैनेजर का केबिन दक्षिण दिशा या नैऋत्य कोण में होना चाहिए। केबिन में प्लेसमेंट ऑफ फर्नीचर इस प्रकार होना चाहिए कि मैनेजर उत्तर या पूर्व मुखी होकर बैठ सकें।
- मैनेजर के कमरे में फाइलें रखने की जगह दक्षिण या पश्चिम दिशा में बनाने चाहिए।
- बैंक स्टॉफ के टेबल कुर्सी इस प्रकार रखने चाहिए कि उसके ऊपर किसी प्रकार का लॉफ्ट या बीम न हो। स्टॉफ के जिस कर्मचारी के सिर

के ऊपर बीम या लॉफ्ट होगा वह हमेशा मानसिक तनाव में रहने के कारण सही तरीके से काम नहीं कर पाएगा।

- बैंक के स्टॉफ के बैठने की व्यवस्था पश्चिम दिशा में इस प्रकार होनी चाहिए कि स्टॉफ उत्तर या पूर्वमुखी होकर कार्य कर सकें।
- बैंक में कम्प्यूटर कर्मचारियों एवं अधिकारियों की टेबल आग्नेय कोण में रखे जाने चाहिए।
- कैश काउंटर उत्तर दिशा में बनाने चाहिए जहां कैशियर पूर्व मुखी या उत्तर मुखी होकर बैठे।
- कैश काउंटर दक्षिण दिशा में इस प्रकार रखे जाएं कि उनके दराज उत्तर दिशा की ओर खुलें।
- नगद जमा करने का (रिसिप्ट काउंटर) उत्तर दिशा के मध्य भाग में करना चाहिए। नगद भुगतान करने का काउंटर उत्तर दिशा के पश्चिम भाग में करना चाहिए।
- ऋण देने वाले काउंटर ईशान कोण में बनाने चाहिए।
- बैंक में ग्राहकों के लिए प्रतीक्षा कक्ष वायव्य कोण में बनाना चाहिए। प्रतीक्षा कक्ष में ग्राहकों के उपयोग में आने वाले खाली वाउचर उत्तर दिशा में रखनी चाहिए। इलैक्ट्रॉनिक टोकन नंबर मशीन प्रतीक्षा कक्ष के आग्नेय कोण में लगानी चाहिए।
- बैंक का स्ट्रांगरूम दक्षिण दिशा में होना चाहिए। जहां लॉकर दक्षिण या पश्चिम दीवारों के साथ इस प्रकार रखना चाहिए की वह उत्तर या पूर्व दिशा की ओर खुल सकें। यह लॉकर दरवाजे के सामने भी नहीं रखना चाहिए।
- यदि स्ट्रांगरूम बेसमेंट में बनाना हो तो, बेसमेंट केवल उत्तर, ईशान कोण या पूर्व दिशा में बनाना चाहिए।
- बैंक के लॉकर किसी बीम या लॉफ्ट के नीचे नहीं रखनी चाहिए। बैंक के लॉकर में रोशनदान पूर्व दिशा में होनी चाहिए।
- बैंक के पुराने रजिस्टर, फाइलें, वाउचर्स व अन्य स्टेशनरी रखने का कमरा नैऋत्य कोण में बनाना चाहिए।

- बैंक मैनेजर का केबिन, अन्य अधिकारियों के केबिन, बैंक का स्ट्रांगरूम इत्यादि सभी कमरों के दरवाजे प्रवेश द्वार की तरह ही पूर्व ईशान, दक्षिण आग्नेय, पश्चिम वायव्य एवं उत्तर ईशान दिशा में ही किसी एक जगह रखना चाहिए।
- बैंक में पूछताछ का काउंटर पूर्व दिशा की तरफ होना चाहिए।
- स्टॉफ का मीटिंग हॉल एवं मनोरंजन हॉल पश्चिम में होना चाहिए।
- बैंक की कैंटीन आग्नेय कोण में होनी चाहिए।
- पीने के पानी की व्यवस्था तथा वॉटर कूलर उत्तर या पूर्व दिशा में की जानी चाहिए।
- बैंक में टॉयलेट व यूरिनल पश्चिम या वायव्य कोण में बनाने चाहिए।
- बैंक में ऊपर जाने का जीना दक्षिण, पश्चिम या नैऋत्य कोण में इस प्रकार बनाना चाहिए कि ऊपर जाते समय दाएं तरफ मोड़ आए।
- बैंक में ग्राहकों एवं स्टॉफ के लिए पार्किंग की व्यवस्था उत्तर या पूर्व दिशा में करनी चाहिए।
- बैंक के उत्तर–पूर्व में जगह खाली हो तो वहां छोटा–सा लॉन बनाया जा सकता है और दक्षिण–पश्चिम दिशा में जगह खाली हो तो वहां बड़े पेड़ लगाने चाहिए।

शॉपिंग काम्प्लेक्स और वास्तु'

आठ वर्ष पूर्व दुबई के प्रसिद्ध घड़ी व्यवसायी श्री भाटिया जी (U. A. E.) में अपने घड़ी के व्यापार के विस्तार के लिए एक दुकान शारजाह में खोलना चाहते थे। उन दिनों मैं दुबई में ही था। श्री भाटिया जी ने मुझसे संपर्क किया और कहा कि शारजाह में अभी–अभी बने नए शॉपिंग काम्प्लेक्स में उन्हें एक वास्तु अनुरूप दुकान का चयन करने में मदद करूं। मैंने उनके साथ शारजाह जाकर वह शॉपिंग काम्प्लेक्स देखा जो L आकृति में बना था। काम्प्लेक्स काफी भव्य बना था। जिसमें बड़ी–बड़ी दुकानें थीं। जिसकी सबसे छोटी दुकान का वार्षिक किराया लगभग भारत के पंद्रह लाख रुपये से भी ज्यादा था। L शेप काम्प्लेक्स भवन की भुजाएं उत्तर एवं पूर्व दिशा में थी और पश्चिम व दक्षिण में खुले स्थान में पार्किंग लॉट था। काम्प्लेक्स की सभी दुकानों में आगे कांच लगे हुए थे। जिसमें दरवाजे भी कांच के बने हुए थे। पूर्व की ओर बनी दुकानों के प्रवेश द्वार पश्चिम दिशा के पश्चिम नैऋत्य कोण में बने थे और उत्तर में बनी दुकानों के प्रवेश द्वार दक्षिण दिशा के दक्षिण नैऋत्य में क्रम से बने थे। शारजाह में बल्दिया (नगर निगम) से द्वार का स्थान बदलने की अनुमति मिलना संभव नहीं था। मैंने श्री भाटिया जी को सलाह दी कि इस काम्प्लेक्स में दुकान नहीं लें क्योंकि इस काम्प्लेक्स का निर्माण पूर्णतः वास्तु सिद्धांतों के विपरीत हुआ था। इस काम्प्लेक्स में व्यवसाय सफलतापूर्वक संचालित नहीं किया जा सकता है। मुझे तो इस काम्प्लेक्स के ही सफल होने की संभावना बिलकुल नजर नहीं आती है। भाटिया जी को मेरे ज्ञान पर विश्वास था इसलिए उन्होंने मेरी सलाह मानते हुए वह दुकान किराये पर नहीं ली। आज लगभग आठ वर्ष होने को आ गए हैं। उस काम्प्लेक्स में कई किरायेदार आए और भारी नुकसान उठाकर चले गए, आज काम्प्लेक्स लगभग उजाड़ पड़ा है।

मेरे गृह नगर उज्जैन में ही पिछले पांच–छः वर्षों में आधुनिक सुख–सुविधाओं से युक्त कई शॉपिंग काम्प्लेक्स बनकर तैयार हुए हैं, उनमें से कई

काम्प्लेक्स नहीं बिक पाने के कारण बदहाली की हालत में हैं, कई काम्प्लेक्स शुरू होकर आधे–अधूरे बने पड़े हैं, किसी की बिल्डिंग बन गई है तो शटर नहीं लगे हैं, किसी के निर्माण पर कोर्ट का स्टे आया हुआ है, मैंने ऐसे काम्प्लेक्सों का निरीक्षण किया तो पाया है कि उन आधे–अधूरे बने काम्प्लेक्स में कई महत्त्वपूर्ण वास्तुदोष हैं। जैसे किसी में नैऋत्य कोण में लिफ्ट के लिए गड्ढा बना हुआ है। किसी के मध्य में कुंआ है। किसी में बेसमेन्ट के साथ दक्षिण नैऋत्य में दरवाजा है। किसी का ईशान कोण कटा हुआ है तो किसी का नैऋत्य कोण बढ़ा हुआ है इत्यादि। शहर का ही एक रेसीडेंशियल कम शॉपिंग काम्प्लेक्स बनते ही शुरू में खूब चला। जिसकी सफलता को देखकर शहर में कई और काम्प्लेक्स बनने शुरू हो गए, क्योंकि उस काम्प्लेक्स की सभी दुकानें व फ्लैट देखते ही देखते बिक गए। उस काम्प्लेक्स में दुकानदारों ने अपनी दुकानों में अच्छे फर्नीचर बनाकर कारोबार करना शुरू कर दिया। फ्लैट्स में लोग आकर रहने लग गए। इस सफलता के बाद इस काम्प्लेक्स के उत्तर, पूर्व व ईशान कोण वाले खुले भाग में काम्प्लेक्स का विस्तार किया गया। इस विस्तार से उस काम्प्लेक्स के अच्छे वास्तु में कई वास्तुदोष उत्पन्न हो गए। जैसे विस्तार के समय पूर्व में स्थित कुआं बंद कर दिया गया। उत्तर, पूर्व एवं ईशान के खुले भाग पर भी निर्माण कर दिया गया। इस निर्माण से उत्तर, पूर्व एवं ईशान कोण में खुला स्थान दक्षिण, पश्चिम एवं नैऋत्य कोण की तुलना में काफी कम रह गया। फ्लैट में ऊपर जाने के लिए पूर्व की ओर दरवाजा कुछ फीट अंदर करके स्थापित किया गया जिससे काम्प्लेक्स के भूखंड की पूर्व दिशा कट गयी है। दक्षिण नैऋत्य में पानी के लिए बोरिंग कराया गया है। इन वास्तुदोषों के कारण वहां लिफ्ट दुर्घटना से एक मासूम बच्ची की मृत्यु हो गई। काम्प्लेक्स के एक रेस्टोरेन्ट में कई हिंसक वारदातें हो चुकी हैं। क्योंकि उस रेस्टोरेन्ट का प्रवेशद्वार दक्षिण नैऋत्य कोण में है। सामने दक्षिण दिशा में ही बोर भी है। इसी प्रकार काम्प्लेक्स की दुकानें जो शुरू में अच्छी चल रही थीं धीरे–धीरे बंद होनी शुरू हो गई हैं। एक प्रतिष्ठित कंपनी का ऑफिस विवादों के कारण बंद हो गया। अब कुछ दुकानदार व फ्लैट मालिक अपनी दुकान व फ्लैट बेचना चाहते हैं। परंतु एक तो ग्राहक नहीं मिलते और यदि

मिल जाते हैं तो उचित दाम नहीं मिलता है। देखते ही देखते अच्छा भला चल रहा काम्प्लेक्स उजाड़ हो रहा है।

ऐसे ही मेरे शहर उज्जैन में शहीद पार्क के पास एक काम्प्लेक्स में वास्तु सिद्धांतों के विपरीत बेसमेंट बना है। पश्चिम नैऋत्य में बेसमेंट का द्वार है। काम्प्लेक्स के मालिक को उसे बेचने में बहुत नुकसान हुआ है। उसका कुछ हिस्सा अभी भी खाली ही पड़ा है। पिछले ही दिनों वहां बेसमेंट के गेट पर एक हत्या भी हो चुकी है।

व्यावसायिक काम्प्लेक्स बनाने में बहुत बड़ी लागत आती है। आर्किटेक्ट तो एक से एक सुंदर नक्शे बनाकर देते हैं। जो दिखने में बहुत सुंदर होते हैं। काम्प्लेक्स बनने के बाद लगता भी सुंदर है। पर चाहे देखने में कितना ही सुंदर काम्प्लेक्स क्यों न बना हो यदि उस काम्प्लेक्स का निर्माण वास्तु अनुरूप नहीं होगा तो निश्चित रूप से बनाने वाले को बनाने में बहुत दिक्कतों का सामना करना पड़ता है। बनाने के बाद दुकानें बेचने में बहुत परेशानी होती है। कुल मिलाकर काम्प्लेक्स के मालिक को जबर्दस्त घाटा उठाना पड़ता है। वास्तु विपरीत बने काम्प्लेक्स में गलती से कोई दुकान ले लेता है तो उस दुकानदार को भी जबर्दस्त घाटा सहना पड़ता है।

मुझे भारत के विभिन्न शहरों में जाने का अवसर मिलता रहता है। जहां मेरे देखने में आता है कि ज्यादातर शॉपिंग काम्प्लेक्स वास्तु सिद्धांतों के विपरीत बने होने के कारण फेल हैं। एक और जहां बनाने वाले घाटे में हैं, दूसरी ओर वहीं दुकान लेकर कारोबार करने वाले भी घाटे में हैं। जो शॉपिंग काम्प्लेक्स वास्तु सिद्धांतों के अनुरूप बने होते हैं वहां रौनक होती है, दिनभर ग्राहकों की चहल–पहल बनी रहती है। ऐसे वास्तु अनुकुल काम्प्लेक्स में आने वाले ग्राहकों के साथ–साथ व्यापारियों को भी व्यापार करने में खूब आनंद आता है।

यदि शापिंग काम्प्लेक्स बनाते समय नीचे लिखे वास्तु सिद्धांतों का पालन किया जाए तो काम्प्लेक्स बनाने वाले तथा वहां व्यापार करने वाले सभी को अच्छा धन लाभ होता है और व्यापार सरलता से चलता है।

❑ शॉपिंग काम्प्लेक्स के लिए शहर के मुख्य केंद्र या शहर के बढ़ते हुए सुगम्य क्षेत्र में समकोण आकार के प्लॉट का चयन करना चाहिए।

- शॉपिंग काम्प्लेक्स को बनाने के लिए लिये गए भूखंड का लेवल समतल या उत्तर, पूर्व एवं ईशान कोण में नीचा और दक्षिण, पश्चिम एवं नैऋत्य कोण में ऊंचा रहना चाहिए। **विशेष :** दुकान या फ्लैट देने से पहले लिखित समझौता इस बात पर कर लेना चाहिए कि दुकान या फ्लैट खरीदने या किराये पर लेने वाला कोई भी पूर्व, उत्तर या ईशान कोण के अलावा भूमिगत पानी का स्रोत नहीं बनाएगा।
- शॉपिंग काम्प्लेक्स के लिए भूमिगत पानी का स्रोत उत्तर, पूर्व दिशा या ईशान कोण में करना चाहिए। यहां भूमिगत जल स्रोत बनाने से शॉपिंग काम्प्लेक्स बनाने वाले व दुकान लेने वाले सभी को अच्छा आर्थिक लाभ होता है।
- शॉपिंग काम्प्लेक्स के भवन का निर्माण प्लॉट के दक्षिण–पश्चिम क्षेत्र में होना चाहिए और उसमें बनने वाली दुकानें समकोण आकार की बनानी चाहिए, विषम आकार की नहीं बनानी चाहिए। उत्तर, पूर्व एवं ईशान कोण में ज्यादा खुली जगह छोड़नी चाहिए।
- शॉपिंग काम्प्लेक्स में ज्यादा खिड़कियां उत्तर या पूर्व दिशा में होनी चाहिए। दक्षिण व पश्चिम दिशा में कम होनी चाहिए।
- शॉपिंग काम्प्लेक्स में दुकानों के अंदर टांड (लॉफ्ट) दक्षिण, पश्चिम दिशा की दीवारों की तरफ होनी चाहिए।
- शॉपिंग काम्प्लेक्स में ऊपर जाने के लिए सीढ़ियां दक्षिण, पश्चिम एवं नैऋत्य कोण में होना चाहिए जहां चढ़ते समय मोड़ दाएं हाथ की तरफ हो।
- शॉपिंग काम्प्लेक्स में ऊपर जाने के लिए लिफ्ट दक्षिण, पश्चिम दिशा या नैऋत्य कोण में लगानी चाहिए। इन दिशाओं में लिफ्ट बनाते समय हमेशा ध्यान रखें कि लिफ्ट लगाने के लिए इस जगह किसी प्रकार का जमीन में गड्ढा न करें अन्यथा इन दिशाओं में गड्ढा होने से महत्वपूर्ण वास्तुदोष पैदा हो जाता है, जो कई प्रकार की परेशानियों का कारण बनता है। यहां पर लिफ्ट इस प्रकार लगानी चाहिए कि सात–आठ सीढ़ियां चढ़ने के बाद लिफ्ट में जाया जा सके ताकि लिफ्ट का बेस फलोर लेवल से ही प्रारंभ हो।
- शॉपिंग काम्प्लेक्स के ऊपर बालकनी व बरामदे बनाने हों तो उत्तर पूर्व और ईशान कोण में बनाने चाहिए।

- शॉपिंग काम्प्लेक्स में जेनरेटर, विद्युत मीटर, अन्य विद्युत उपकरण इत्यादि की व्यवस्था आग्नेय कोण में रखनी चाहिए।
- शॉपिंग काम्प्लेक्स का ओवर हैड वॉटर टैंक पश्चिम दिशा में होना चाहिए।
- शॉपिंग काम्प्लेक्स में कार्यालय छोटी दुकानें इत्यादि द्वितीय तल या और ऊपर रखनी चाहिए और सभी फ्लोर की दुकानों के मध्य में उचित आकार का कारीडोर होना चाहिए।
- शॉपिंग काम्प्लेक्स में यदि गार्डन बनाना हो तो उत्तर, पूर्व या ईशान कोण में बनाना चाहिए। यहां पर छोटा मंदिर भी निर्मित किया जा सकता है, जहां पूर्व या उत्तर दिशा से प्रवेश द्वार हो। बड़े वृक्ष दक्षिण या पश्चिम में लगाने चाहिए।
- शॉपिंग काम्प्लेक्स में शौचालय की व्यवस्था वायव्य कोण, उत्तर या पश्चिम दिशा में की जा सकती है। ध्यान रहे, कभी भी उत्तर–पूर्व अर्थात् ईशान कोण में शौचालय की व्यवस्था नहीं करें।

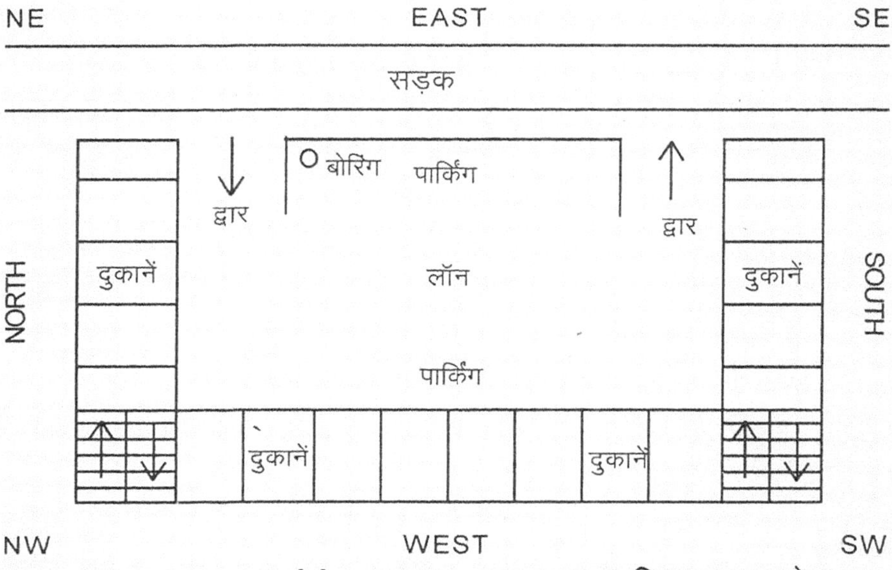

वास्तु अनुरूप U आकार का व्यावसायिक काम्प्लेक्स

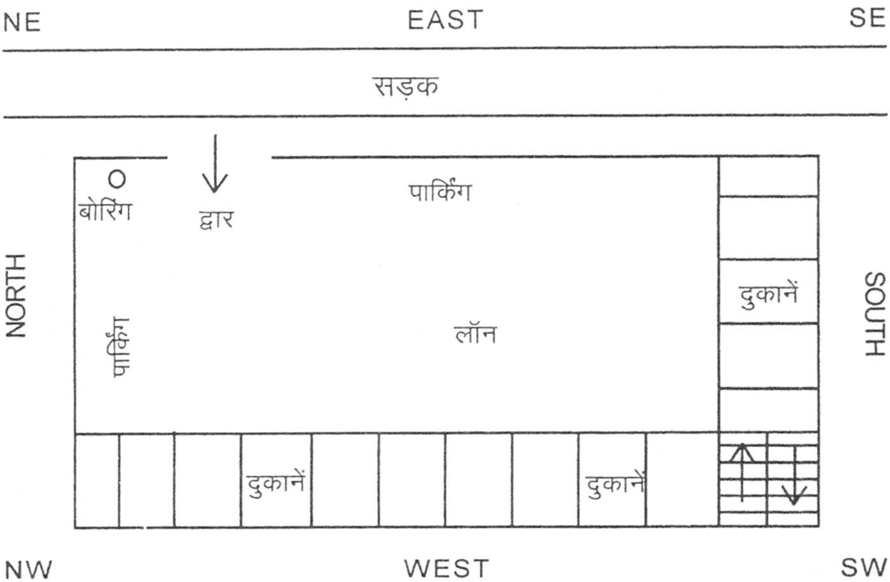

वास्तु अनुरूप L आकार का व्यावसायिक काम्प्लेक्स

- उत्तर, पूर्व दिशा एवं ईशान कोण में कार, स्कूटर, साइकिल आदि वाहनों को खड़ा करने के लिए पर्याप्त जगह छोड़नी चाहिए। यदि बेसमेंट में पार्किंग की व्यवस्था करनी हो तो बेसमेंट का पार्किंग क्षेत्र भी यही होना चाहिए। किसी भी स्थिति में दक्षिण, पश्चिम दिशा या नैऋत्य कोण व केवल मध्य में कभी भी बेसमेंट नहीं बनानी चाहिए।
- U आकृति का शॉपिंग काम्प्लेक्स बनाते समय दक्षिण, पश्चिम व पूर्व की तरफ या दक्षिण, पश्चिम व उत्तर की तरफ भवन का निर्माण करें। इसकी एक दिशा पूर्व या उत्तर अवश्य खुली रहनी चाहिए अर्थात् उत्तर या पूर्व किसी एक दिशा में निर्माण कार्य नहीं करना चाहिए।
- L आकृति का शॉपिंग काम्प्लेक्स बनाते समय केवल दक्षिण व पश्चिम की ओर ही बनाना वास्तु अनुरूप होता है।
- शॉपिंग काम्प्लेक्स में मुख्य प्रवेश द्वार पूर्व ईशान, दक्षिण आग्नेय, पश्चिम वायव्य या उत्तर ईशान में होना चाहिए। कभी भी प्रवेश द्वार पूर्व आग्नेय, दक्षिण नैऋत्य, पश्चिम नैऋत्य या उत्तर वायव्य में नहीं होना चाहिए।

होटल और वास्तु

समुद्र से टकराती पानी की लहरें, आसमान से बातें करते पर्वत, इठलाती–इतराती बहती हुई नदियां, सुंदर, मनमोहक बाग–बगीचे, घने जंगल इत्यादि ऐसे खूबसूरत नजारे देखने की तमन्ना सबके मन में होती है। पर इसके लिए घर से दूर पर्यटन स्थल पर जाना पड़ता है। इसके अलावा कारोबार व अन्य कारणों से भी दूसरे स्थानों पर जाकर रहना पड़ता है। नई

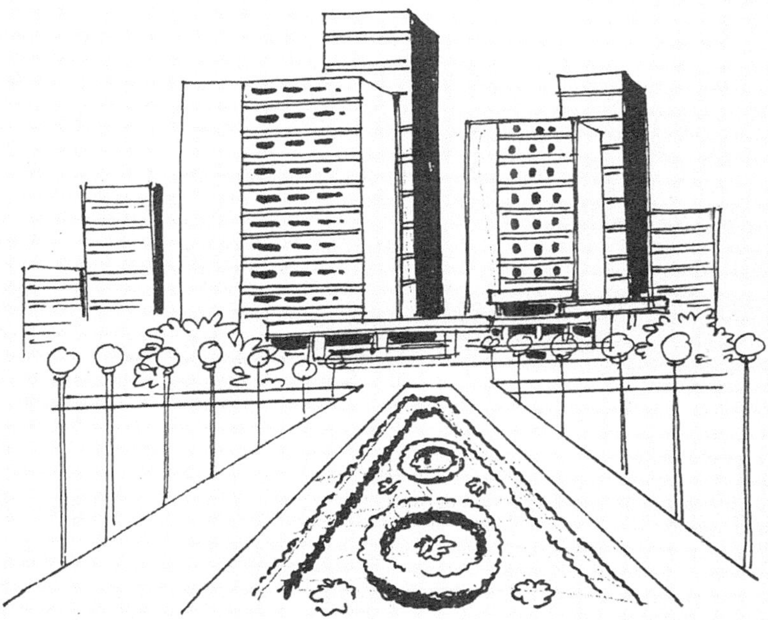

जगहों पर जाकर लोग होटलों में ठहरते हैं और खाते–पीते हैं, घूमते हैं व अपना काम करते हैं। मानव स्वभाव है कि घर से बाहर जाने के दो चार दिन बाद ही, घर जैसी सुख–सुविधा, खान–पान, आराम पाने की इच्छा मन में पैदा होती है। इसलिए आजकल विभिन्न प्रकार की सुख–सुविधाओं से युक्त होटल, अतिथिगृह, रेस्ट हाऊस, रेस्टोरेंट इत्यादि बनाए जाते हैं, ताकि वहां आकर खाने–पीने व रहने वालो को घर जैसा वातावरण महसूस हो। इसी कारण आजकल होटल बनाने में बहुत लागत आती है।

वास्तु अनुरूप होटल का निर्माण करने से वहां हवा, पानी, धूप, खुलापन भी भरपूर रहता है। उससे होटल का वातावरण खुशनुमा, मनमोहक लगता है। ऐसे होटलों में आकर रहने वाले भी बहुत प्रसन्नता महसूस करते हैं। ऐसे होटल में कमरे खाली नहीं मिलते, हमेशा भरे ही रहते हैं। उनके रेस्टोरेंट में जगह पाने के लिए लंबा इंतजार करना पड़ता है। होटल मालिक भी अच्छे लाभ में रहते हैं। वहां के कर्मचारियों को अच्छा वेतन मिलता है। कर्मचारी खुश रहकर वहां ठहरने वालो को अच्छी सेवाएं प्रदान करते हैं। इसके विपरीत वास्तु अनुरूप होटल का निर्माण न हो, तो वहां कोई आना पसंद नहीं करता, कोई आ भी जाए, तो उसे वहां घुटन महसूस होती है, उसका जल्दी वापस जाने का मन करता है, स्टॉफ भी लंबे समय तक नहीं टिक पाता और विभिन्न प्रकार की परेशानियां चलती रहती हैं। जिस कारण होटल मालिक को बहुत आर्थिक नुकसान व मानसिक परेशानी उठानी पड़ती है और एक दिन होटल बंद करना पड़ता है। भारत के अधिकतर बड़े होटल भी वास्तु अनुरूप नहीं बने होने के कारण भारी घाटे में चल रहे हैं।

होटल का निर्माण करते समय निम्नलिखित वास्तु नियमों का ध्यान रखा जाए तो, होटल मालिक हमेशा लाभ में रहेंगे, और वहां आकर ठहरने वाले भी प्रसन्न रहेंगे।

- अच्छे आर्थिक लाभ के लिए वह भूखंड, जहां आप होटल का निर्माण करना चाहते हों, उस भूखंड का आकार वर्गाकार, आयताकार होना चाहिए। भूखंड अनियमित आकार का न हो। भूखंड का दक्षिण पश्चिम कोना 90° का होना चाहिए। साथ ही भूखंड पर होटल का निर्माण कार्य

करते समय ध्यान रखना चाहिए, कि उत्तर व पूर्व दिशा में ज्यादा खुली जगह छोड़ी जाए।

- होटल के भूखंड की उत्तर, पूर्व एवं ईशान दिशा का दबा, कटा एवं गोल होना बहुत अशुभ होता है, इससे होटल के मालिक को विभिन्न प्रकार की समस्याओं का सामना करना पड़ता है। इसके विपरीत भूखंड की इन दिशाओं का बड़ा होना बहुत शुभ होता है। यदि भूखंड की यह दिशाएं दबी, कटी या गोल हों, तो इन्हें शीघ्र बढ़ाकर या घटाकर समकोण करके इसके अशुभ परिणामों से बचना चाहिए।
- भूमिगत पानी के स्रोत, कुआं, बोरिंग, पानी की टंकी इत्यादि ईशान कोण में होने चाहिए। इसके विपरीत अन्य किसी भी दिशा में होना अशुभ होता है। होटल में स्विमिंग पूल का निर्माण उत्तर या पूर्व दिशा में करना चाहिए। होटल के मध्य में स्वीमिंग पूल का निर्माण भयंकर आर्थिक कष्ट देता है।
- यदि L या U आकार के होटल का निर्माण करना हो, तो दक्षिण, नैऋत्य या पश्चिम दिशा में ही करें, ताकि उत्तर व पूर्व दिशा में ज्यादा खाली जगह रह सके।
- होटल का मुख्य द्वार पूर्व मुखी व दक्षिण मुखी भूखंड में बाएं तरफ और पश्चिम व उत्तर मुखी भूखंड में दाएं तरफ होना शुभ होता है। होटल के अंदर आने–जाने का रास्ता व होटल में बने सभी कमरों के दरवाजे, रेस्टोरेंट का दरवाजा जहां, चित्र में राइट के निशान लगे हैं के अनुसार रखने चाहिए।
- होटल में बिजली के मीटर, ट्रांसफार्मर, जेनरेटर अन्य विद्युत उपकरणों की व्यवस्था आग्नेय कोण में करनी चाहिए।
- यदि होटल में सेंट्रली एयर कंडीशन लगाना चाहते हैं, तो एयर कंडीशन प्लांट दक्षिण पूर्व अर्थात् आग्नेय कोण में लगाना चाहिए। यदि कमरों में एयर कंडीशन लगाना चाहते हैं तो उत्तर, पूर्व दिशा व ईशान कोण छोड़कर कहीं भी दीवार पर लगा सकते हैं।

- होटल में रसोईघर का भी निर्माण आग्नेय कोण में करना चाहिए, जहां अधिक प्रकाश एवं समुचित वायु उपलब्ध हो। किचन में मिक्सर इत्यादि मसाला पीसने की मशीनें दक्षिण में प्लेटफार्म बनाकर रख सकते हैं। तंदूर, चूल्हा, माइक्रोवेव इत्यादि रसोईघर के आग्नेय कोण में रखना चाहिए। रसोईघर में किराना भंडार दक्षिण नैऋत्य या पश्चिम में स्टोर रूम बनाकर रख सकते हैं।
- कैंप फायर और बार बी क्यू आग्नेय कोण में करना चाहिए। यदि पूर्व में स्वीमिंग पूल हो, तो दक्षिण आग्नेय में करना चाहिए पर पूर्व आग्नेय में कभी नहीं। पानी गर्म करने का यंत्र (गीजर) की व्यवस्था आग्नेय कोण में करनी चाहिए।
- ओवर हैड वॉटर टैंक का निर्माण पश्चिम वायव्य से लेकर दक्षिण नैऋत्य के मध्य कहीं पर भी कर सकते हैं।
- सैप्टिक टैंक केवल पूर्व या उत्तर दिशा में ही बनाना चाहिए। यदि इन दोनों दिशाओं में किसी एक दिशा में स्विमिंग पूल हो, तो उसे दूसरी दिशा में बनाना चाहिए।
- होटल में हैल्थ क्लब, मसाज कक्ष, स्टीम बॉथ इत्यादि का निर्माण वायव्य कोण में करना चाहिए। इनडोर गेम्स की व्यवस्था भी इसी स्थान के आसपास कर सकते हैं।
- होटल में अतिथियों के मनोरंजन के लिए कॉमन हॉल या कांफ्रेंस रूम वायव्य दिशा में बनाना चाहिए। बच्चों के खेलने के लिए मैदान या गार्डन पूर्व या उत्तर में बनाना चाहिए।
- होटल में बेसमेंट का निर्माण केवल उत्तर, पूर्व या ईशान दिशा में ही करना चाहिए। इसके अलावा किसी भी स्थान पर बेसमेंट बनाने से विभिन्न प्रकार की परेशानियां आती हैं।
- बेसमेंट का प्रयोग होटल का रेस्टोरेंट, केसीनो, नाइट क्लब, बार इत्यादि के लिए करना अच्छा होता है।
- बेसमेंट का उपयोग सभा कक्ष, प्रदर्शनी कक्ष, शॉपिंग आर्केड इत्यादि के लिए भी कर सकते हैं।

- होटल में वाहन पार्किंग की व्यवस्था दक्षिण या पश्चिम दिशा में कर सकते हैं। बेसमेंट में भी पार्किंग स्थान बनाया जा सकता है।
- होटल में चारों ओर उद्यान बनाया जा सकता है पर ध्यान रहे, गार्डन में छोटे वृक्ष उत्तर व पूर्व दिशा में और विशाल वृक्ष दक्षिण–पश्चिम दिशा में ही लगाने चाहिए।
- होटल में लिफ्ट की व्यवस्था उत्तर या पूर्व दिशा में करनी चाहिए। होटल में उत्तर व पूर्व दिशा को छोड़कर कहीं पर भी जमीन में 6–7 फीट गड्ढा खोदकर लिफ्ट लगाने से भयंकर हानि होने की संभावना होती है। उत्तर या पूर्व दिशा को छोड़कर लिफ्ट लगानी हो तो, 5–6 सीढ़ियां बनाकर लिफ्ट लगानी चाहिए ताकि लिफ्ट के बेस वाले स्थान पर ग्राउंड लेवल से नीचे किसी प्रकार का गड्ढा न हो। होटल में छत पर जाने के लिए सीढ़ियां ईशान कोण को छोड़कर कहीं पर भी क्लॉक वाइज बनाई जा सकती हैं। ईशान कोण में कभी भी लिफ्ट नहीं लगानी चाहिए और ना ही सीढ़ियों का निर्माण करना चाहिए।

होटल का स्वागत कक्ष

- होटल में रिसेप्शन अर्थात् स्वागत कक्ष प्रवेश द्वार के पास ग्राउंड फ्लोर पर ही रखना चाहिए। जहां स्वागत कक्ष के कर्मचारी पूर्व मुखी या उत्तर मुखी होकर बैठें।
- होटल का कैश काउंटर स्वागत कक्ष में, दक्षिण या पश्चिम दिशा में इस प्रकार लगाया जाए कि, कैश बॉक्स उत्तर या पूर्व दिशा की ओर खुल सके।
- स्वागत कक्ष की दक्षिण दिशा में होटल का टी.वी., केबल व इंटरकॉम कंट्रोल बॉक्स रखना चाहिए।
- होटल के क्लॉक रूम की व्यवस्था रिसेप्शन के वायव्य कोण में करनी चाहिए।
- होटल का प्रशासनिक कार्यालय होटल के दक्षिण या पश्चिम में बनाया जा सकता है।

होटल के कमरे

होटल में आए अतिथियों के लिए कमरों की साज–सज्जा एवं बनावट पर विशेष ध्यान रखना चाहिए। इन्हीं के लिए होटल बनाया जाता है और इन्हीं से होटल चलता है।

- होटल के कमरों में पलंग इस प्रकार लगाएं कि, सोने वालो के सिर दक्षिण में, पैर उत्तर की ओर हों। किसी भी कमरे में पलंग के ऊपर बीम या टांड नहीं होना चाहिए।
- होटल के किसी भी कमरे में टॉयलेट बाथरूम ईशान कोण में बनाना पूर्णतः वर्जित है।
- एयर कंडीशनर उत्तर, पूर्व दिशा व ईशान कोण को छोड़कर किसी भी दीवार पर लगाया जा सकता है।
- होटल के कमरों में हमेशा हल्के रंग का प्रयोग करना चाहिए। कभी भी गहरे रंग का उपयोग नहीं करना चाहिए। गहरे रंग उग्रता लाते हैं।

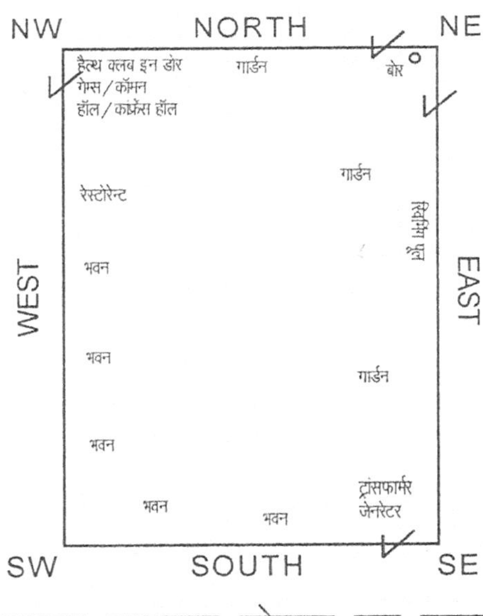

वास्तु अनुरूप होटल का नक्शा

- कमरे में अलमारी दक्षिण, पश्चिम या नैऋत्य कोण में रखनी चाहिए। बैठने के लिए सोफा एवं कॉफी टेबल उत्तर या पूर्व दिशा में रख सकते हैं।
- कमरा गरम करने का हीटर दक्षिण आग्नेय कोण में लगाना चाहिए और टेलीविजन पूर्व आग्नेय कोण में रखना चाहिए। बाथरूम में गीजर आग्नेय कोण में ही लगाना चाहिए।

होटल में रेस्टोरेंट

होटल में आए अतिथियों के खान–पान के लिए होटल के अंदर रेस्टोरेंट बनाए जाते हैं। होटल के अंदर रेस्टोरेंट होटल भवन की पश्चिम दिशा में बनाना चाहिए। रेस्टोरेंट के इंचार्ज को रेस्टोरेंट में पूर्व या उत्तरमुखी होकर इस प्रकार बैठना चाहिए कि रेस्टोरेंट की हर टेबल कुर्सी पर उसकी निगाह जा सके।

टाउनशिप और वास्तु

आजकल अपने मकान का सपना साकार करते हर बड़े शहर के आसपास छोटे–छोटे टाउनशिप (सामुहिक आवास) बनायें जा रहे हैं। इनमें सुरक्षा के साथ–साथ शॉपिंग मॉल, स्कूल, हॉस्पिटल, बैंक्वेट हॉल, मल्टिप्लेक्स, बैंक स्वीमिंग पूल, गार्डन इत्यादि हर प्रकार की सुख–सुविधा उपलब्ध रहती है। जहां हर इन्कम ग्रुप वालो के लिये इनमें प्लॉट, फ्लैट, डुपलेक्स, पेन्ट हाउस, बंगलें, दूकानें इत्यादि उपलब्ध रहते हैं।

पिछले दिनों गुड़गांव के श्री मनोज शेरावत अपने रहने के लिये ऐसा फ्लैट खरीदना चाहते थे जो वास्तु सिद्धांतों के अनुरूप बना हो, जहां वे अपने

परिवार के साथ रहकर सुखद जीवन व्यतीत कर सकें। इसके लिये वे मुझे गुड़गांव में जयपुर रोड़ पर बन रही उस टाउनशिप में ले गये जहाँ उन्होंने फ्लैट लेने का मन बनाया था। वहां जाकर मैंने उस टाउनशिप और वहां बन रहे फ्लैट्स देखें। वास्तु की दृष्टि से अवलोकन करने के बाद मैंने मनोज जी से कहा कि, इस टाउनशिप का निर्माण ही वास्तुअनुकूल प्लॉट पर नहीं हो रहा है। प्लॉट की उत्तर–पूर्व दिशा के मध्य का भाग अर्थात् ईशान कोण कटा हुआ है। इस टाउनशिप का मुख्यद्वार उत्तर वायव्य में बनाया जा रहा है इसके पिछले भाग में दो सड़कें बनाई गई है जिसमें से एक सड़क पश्चिम नैऋत्य की तरफ और दूसर सड़क दक्षिण नैऋत्य की तरफ जा रही है। साथ ही इस टाउनशिप का दक्षिण नैऋत्य का भाग भी थोड़ा बढ़ा हुआ है। यह सभी महत्वपूर्ण वास्तुदोष है। इस दोषों के कारण यह टाउनशिप लोगों को आकर्षित नहीं कर पाएगी। इस टाउनशिप में चहल–पहल भी कम रहेगी व हमेशा सन्नाटा छाया रहेगा। इसके बिल्डर और यहां निवेश करने वालो के मध्य विवाद होंगे। इन्हीं दोषों के कारण यहां रहने वालो का जीवन सुखमय नहीं हो पाएगा! इसको बनाने वाले बिल्डर को भी जर्बदस्त घाटा उठाना पड़ेगा। चाहे वह बिल्डर कितने ही बड़े एवं अनुभवी क्यों न हो। मेरी सलाह तो यही है कि, यहां कि प्रापर्टी में निवेश नहीं करना ही समझदारी होगीं।

मेरा वास्तु विश्लेषण सुनने के बाद मनोज जी ने बताया कि, इस टाउनशिप का विज्ञापन लगभग डेढ़ साल से लगातार अखबारों, सीटी केबल इत्यादि में आ रहा है और हर बार पहले से ज्यादा अच्छी ऑफर ग्राहकों को दी जा रही है। लेकिन अभी तक यहाँ मुश्किल से 10 प्रतिशत ही बुकिंग हो पाई है। इसका निर्माण भी बहुत धीमी गति से ही चल रहा है। जबकि इसी बिल्डर द्वारा बनाये जा रहे किसी भी प्रोजेक्ट की घोषणा होते ही यहां के लोग बुकिंग के लिये टूट पड़ते हैं। बिल्डर द्वारा इस टाउनशिप के लिये दिये जा रहे अच्छे ऑफर के लालच में ही हम यहां फ्लैट लेने के लिये आकर्षित हुए थे। परन्तु आपकी बात सुनने के बाद अब लग रहा है कि, उपरोक्त वास्तुदोष के कारण ही इस टाउनशिप के फ्लैट्स बिक नहीं पा रहे हैं। तभी इस टाउनशिप के फ्लैट्स बेचने के लिये बिल्डर द्वारा इतने आकर्षक प्रस्ताव रखे

जा रहे हैं जबकि इसी बिल्डर द्वारा बनाई जा रही अन्य टाउनशिप के लिये कभी भी इतने आकर्षक ऑफर नहीं दिये गए।

देखने में आता है कि, ज्यादातर बिल्डर टाउनशिप की जमीन खरीदते एवं निर्माण कार्य करते समय वास्तु नियमों की अवहेलना करते है जिसके परिणामस्वरूप उन्हें उनके निवेश का पूर्ण लाभ नहीं मिल पाता है जिस कारण वह बर्बाद हो जाते है। अतः बिल्डर्स को चाहिये की टाउनशिप या मल्टिस्टोरी के लिये जमीन खरीदते समय या बनाते समय नीचे लिखे वास्तु नियमों का पालन करें ताकि लोग उनके द्वारा बनाई गई टाउनशिप की ओर ज्यादा–से–ज्यादा आकर्षित हों। वहां जाकर बसने वाले भी सुखी जीवन बिताएं। वहां निवेश करने वाले भी लाभ में रहें साथ ही बिल्डर को भी अच्छा मुनाफा हों।

❑ टाउनशिप ऐसे भूखंड पर बनाएं, जिसके उत्तर–पूर्व में गहरे गड्ढे, तालाब, नदी इत्यादि और दक्षिण व पश्चिम में ऊंचे–ऊंचे टीले व पहाड़ियां हों। ऐसा स्थान टाउनशिप की प्रसिद्धि और समृद्धि के लिए वरदान सिद्ध होगा।

❑ अच्छे आर्थिक लाभ के लिए वह भूखंड जहां आप टाउनशिप का निर्माण करना चाहते हैं। उसका आकार आयताकार या वर्गाकार होना चाहिए। कभी अनियमित आकार के भूखंड पर टाउनशिप नहीं बनाना चाहिये।

❑ टाउनशिप की भूखंड की उत्तर, पूर्व एवं ईशान दिशा का दबा, कटा एवं गोल होना बहुत अशुभ होता है, इससे टाउनशिप के बिल्डर को विभिन्न प्रकार की समस्याओं का सामना करना पड़ता है। इसके विपरीत भूखंड की इन दिशाओं का बड़ा होना बहुत शुभ होता है। यदि भूखंड की यह दिशाएं दबी, कटी या गोल हों, तो इन्हें शीघ्र बढ़ाकर या घटाकर समकोण करके इसके अशुभ परिणामों से बचना चाहिए।

❑ टाउनशिप की अच्छी सफलता के लिए इसके भूखंड का उत्तर, ईशान व पूर्व का भाग दक्षिण, नैऋत्य व पश्चिम भाग की तुलना में नीचा होना चाहिए। भूखंड का इन दिशाओं में ऊंचा होना दुर्भाग्य को आमंत्रित करता है। भूखंड का ईशान कोण या उत्तर पूर्व दिशा ऊंची हो, तो वहां की मिट्टी निकालकर दक्षिण पश्चिम दिशा या नैऋत्य कोण में डालकर भूखंड को

समतल करने के बाद निर्माण कार्य शुरू करना चाहिए।

❑ टाउनशिप के अन्दर की सभी सड़कें पूर्व से पश्चिम या दक्षिण से उत्तर समान्तर होनी चाहिये ताकि अन्दर बनने वाली बिल्डिंग आयताकार या वर्गाकार भूखण्ड पर ही बनें।

❑ टाउनशिप का मुख्य प्रवेशद्वार व अन्य द्वार, पूर्व ईशान, दक्षिण आग्नेय, पश्चिम वायव्य या उत्तर ईशान में रखना चाहिये। कभी भी मुख्य द्वार पूर्व आग्नेय, दक्षिण नैऋत्य, पश्चिम नैऋत्य या उत्तर वायव्य में नहीं रखना चाहिये। यही नियम अन्दर बनने वाले किसी भी फ्लैट, ऑफिस इत्यादि पर लागु होंगे।

❑ टाउनशिप में स्वीमिंग पूल, कृत्रिम जलप्रपात, तालाब, कुआं, बोरिंग इत्यादि किसी भी प्रकार के गड्ढे का निर्माण उत्तर, पूर्व दिशा या ईशान कोण में करना चाहिए। इसके विपरीत अन्य किसी भी दिशा में इनका होना अशुभ होता है। टाउनशिप के मध्य में किसी भी प्रकार का गड्ढा भयंकर आर्थिक कष्ट देता हैं।

❑ टाउनशिप में बारिश का पानी पूर्व, उत्तर–पूर्व या उत्तर में बहना चाहिये। टाउनशिप की ड्रैनेज का पानी भी उत्तर या पूर्व दिषा से बाहर जाना चाहिये।

❑ वाटर सप्लाई के लिये वाटर टॉवर (पानी की टंकी) भूखंड के नैऋत्य या दक्षिण दिशा में बनाई जा सकती है।

❑ टाउनशिप में बिजली के मीटर, ट्रांसफार्मर, जेनरेटर अन्य विद्युत उपकरणों की व्यवस्था आग्नेय कोण में ही करनी चाहिए।

❑ टाउनशिप में ऊंची–ऊंची इमारतें दक्षिण, पश्चिम दिशा एवं नैऋत्य कोण में बनानी चाहिए और मध्य ऊंचाई की इमारतें आग्नेय एवं वायव्य कोण में और कम ऊंचाई की इमारतें उत्तर पूर्व दिशा की ओर रखनी चाहिये।

❑ टाउनशिप में अधिक से अधिक ओपन एरिया उत्तर व पूर्व दिशा में रखना चाहिये। अच्छे स्वास्थ्य के लिए टाउनशिप में पूजा का स्थान, चिंतन व ध्यान योग केंद्र, गार्डन इत्यादि पूर्व दिशा या ईशान कोण में बनाना चाहिए, ताकि वहां रहने वालो को सूर्य से मिलने वाली सुबह की जीवनदायी किरणों

का भरपूर लाभ मिल सके।

❑ टाउनशिप में वॉटर पार्क उत्तर ईशान एवं मध्य उत्तर में, एम्युजमेन्ट पार्क, मल्टिप्लेक्स, बैंक्वेट हॉल, हैल्थ क्लब व अन्य क्लब का निर्माण वायव्य कोण में करना चाहिए।

❑ टाउनशिप में एज्युकेशन सेन्टर, हॉस्पिटल, बैंक, शॉपिंग माल इत्यादि छोटे बनाने हो तो पूर्व दिशा में और यदि बड़े बनाने हो तो दक्षिण या पश्चिम दिशा में बनाने चाहिये।

❑ टाउनशिप में किसी भी प्रकार की बिल्डिंग जैसे मल्टिस्टोरी फ्लैट्स, शॉपिंग माल, स्कूल, हॉस्पिटल, बैंक, क्लब इत्यादि का निर्माण भी आयताकार या वर्गाकार में ही करना चाहिये। इनमें बनने वाले फ्लैट व उनके कमरे भी आयताकार या वर्गाकार होने चाहिये।

❑ टाउनशिप की किसी भी बिल्डिंग एवं फ्लैट के ईशान कोण में टॉयलेट बाथरूम नहीं होना चाहिये।

❑ टाउनशिप की कुछ बिल्डिंग में बेसमेन्ट बनाना हो या अंडरग्राउंड कार पार्किंग रखना हो तो ऐसा निर्माण कार्य उत्तर, पूर्व दिशा या ईशान कोण में ही करना चाहिये।

आदर्श वास्तु का सुन्दर उदाहरण – गुड़गांव

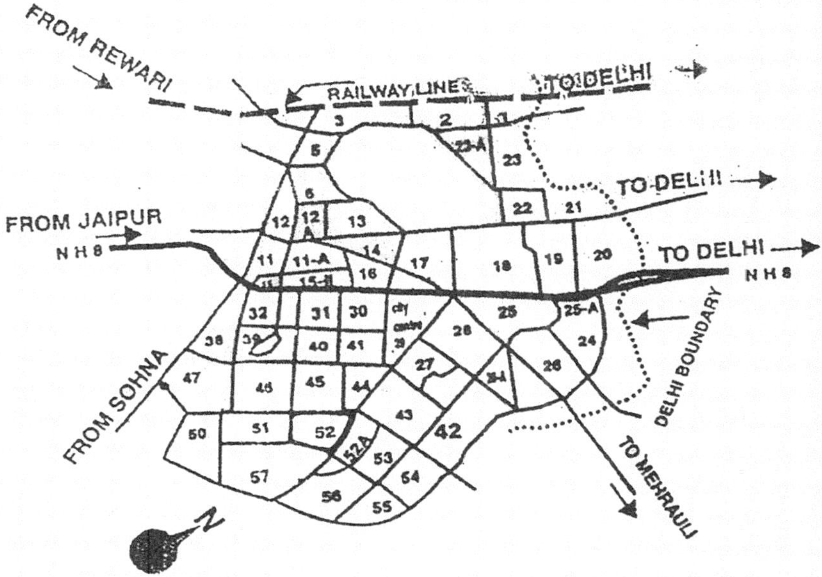

पुरी दुनिया में आउटसोर्सिंग का कारोबार तेजी से बढ़ रहा है। औद्योगिक क्रान्ति के बल पर विकास की दौड़ में बहुत आगे निकल चुके पश्चिमी देश, अमेरिका, जापान आदि की कई जानी–मानी कंपनियां आज अपना काम भारत में करवा रही हैं। भारत को मिल रहे इस आउटसोर्सिंग कारोबार का बहुत बड़ा भाग, भारत की राजधानी दिल्ली के दक्षिण की ओर स्थित गुड़गांव के व्यवसायिक संस्थानों को भी मिल रहा है। कई भारतीय एवं विदेशी कम्पनियों द्वारा अपने कार्पोरेट ऑफिस यहां खोल दिये जाने से यहां चहल–पहल बढ़ गयी है। विशेष तौर पर इन्फॉर्मेशन टेक्नॉलाजी के ऑफिस, कॉल सेन्टर आदि खुलने से गुड़गांव की महत्ता पर चार चांद लग गये हैं। इसी कारण आज गुड़गांव केवल भारत में ही नहीं बल्कि समूचे विश्व में प्रसिद्ध होता जा रहा है।

भारत के इस अंतर्राष्ट्रिय ख्याति प्राप्त व्यवसायिक केन्द्र गुड़गांव का दिन–प्रतिदिन तेजी से व्यवसायिक विकास हो रहा है। जिसके कारण इस शहर में नित नये शॉपिंग माल, मल्टिप्लेक्स, भव्य गगनचुम्बी इमारतें, सर्वसुविधायुक्त टाउनशिप, इत्यादि बनते व खुलते जा रहे है। दुनियाभर के लोगों को अपनी ओर आकर्षित करते गुड़गांव की इस समृद्धि एवं प्रसिद्धि में इस शहर के वास्तु का महत्वपूर्ण योगदान है, क्योंकि इस शहर की भौगोलिक स्थिति वास्तुशास्त्र के सिद्धांतों के एकदम अनुकूल है। वास्तु शास्त्र के अनुसार किसी भी गांव, शहर, प्रदेश की दक्षिण दिशा के क्षेत्र अन्य दिशाओं की तुलना में ज्यादा वैभवशाली होते हैं जहां हमेशा चमक–दमक एवं रौनक रहती है।

बढ़ती आबादी के कारण दिल्ली का विस्तार चारों ओर हो रहा है। इसी कारण दिल्ली के आसपास के शहर गाजियाबाद, साहिबाबाद, फरीदाबाद, नोएडा, गुड़गांव इत्यादि का विकास भी तेजी से हो रहा है। गाजियाबाद दिल्ली के पूर्व एवं उत्तरप्रदेश के पश्चिम में, नोएडा उत्तरप्रदेश के पश्चिम में व दिल्ली के पूर्व आग्नेय में, फरीदाबाद हरियाणा व दिल्ली दोनों के दक्षिण आग्नेय में, स्थित है। जबकि गुड़गांव दिल्ली के दक्षिण तथा हरियाणा प्रदेश के भी दक्षिण भाग में स्थित है। इसी के साथ यहां की भूमि का झुकाव भी विशेषतः दिल्ली की और दक्षिण से उत्तर की ओर है। इसीलिये गुड़गांव का विकास दिल्ली के आसपास के अन्य शहरों की तुलना में अधिक हो रहा है। गुड़गांव के विकास की यह गति वहां के अच्छे वास्तु के कारण निरंतर बनी रहेगी।

किसी भी शहर का विकास जहां से होता है वहां से चारों तरफ बढ़ते–बढ़ते दक्षिण दिशा वाले क्षेत्र का विकास अन्य क्षेत्रों की तुलना में ज्यादा तेजी से बढ़ने लगता है और उत्तर–पूर्व दिशा के मध्य स्थित ईशान कोण वाला क्षेत्र धीरे–धीरे अपनी चमक–दमक खोता जाता है। इसके विपरीत उस शहर के दक्षिण का मध्य भाग से लेकर नैऋत्य कोण वाले भाग तक का वैभव बढ़ता जाता है। जबकि बाकि दिशाओं में शहर का विकास सामान्य गति से होता रहता है।

गुड़गांव का विकास सेक्टर के आधार पर हुआ है। फिलहाल इसमें 57

सेक्टर है। गुड़गांव के ईशान कोण वाले भाग में सेक्टर 24, 25, 25A व 26 पड़ते है। इन सेक्टरों का विकास पिछड़ते जाने से यह इलाका कालान्तर में गरीबों की बस्ती बन जाएगा। इसके विपरीत नैऋत्य कोण में स्थित 16, 11, 11A, 15, 30, 31, 32 का विकास काफी तेजी से होगा और इन सेक्टरों में भव्य गगनचुम्बी इमारतें, शॉपिंग मॉल, मल्टिलेक्स, एम्युजमेन्ट पार्क, उत्कृष्ट सुविधा प्रदान करने वाली टाउनशिप इत्यादि बनेंगे। इन सेक्टरों में खूब रौनक रहेगी। इनकी समृद्धि एवं प्रसिद्धि बढ़ती जाएगी। इन सेक्टरों का वैभव भी अन्य सेक्टरों की तुलना में बहुत ज्यादा रहेगा। गुड़गांव के दक्षिण में स्थित 44, 45, 46, 47, 50, 51, 52, 57 का विकास भी अच्छी गति से होगा। इन सेक्टरों में भी समृद्धि एवं वैभव दिखाई देगा। दक्षिण–पश्चिम के बाकि सेक्टरों का विकास सामान्य गति से होता रहेगा। इसके विपरीत पूर्व दिशा में स्थित सेक्टर 26A, 28, 27, 42 और उत्तर दिशा में स्थित 18, 19, 20, 21, 22 सेक्टर का विकास अत्यंत धीमी गति से होगा।

उपरोक्त वास्तु सिद्धांतों के आधार पर कहा जा सकता है कि, गुड़गांव के दक्षिण एवं नैऋत्य कोण स्थित सेक्टरों के तेजी से बढ़ते विकास के कारण यहां सम्पत्ति की कीमतें बहुत ही तेजी से बढ़ेंगी। इसी के साथ संपत्ति में पूंजी निवेश करने वालो को अधिक लाभ के लिये, वहां जाकर रहने वालों के सुखद वैभवशाली जीवन के लिये, सफल व्यवसाय के लिये ध्यान रखें कि उन्हीं प्लॉट, फ्लैट या दूकानों में निवेश करें जो वास्तु सिद्धांतों अनुकूल बनाये गये हो।

वास्तु समस्याएं एवं समाधान

भारत की प्रसिद्ध मासिक पत्रिका ''गृहलक्ष्मी'' में वास्तु विषय पर छपने वाले मेरे लेखों को पढ़कर मुझे पाठकों के पत्र मिलते रहते हैं। उनमें से कुछ पाठकों की समस्याएं व उनके समाधान यहां बताए गए हैं। जिन्हें पढ़कर आप अपने व्यावसायिक स्थल एवं घरों के वास्तु निरीक्षण कर उचित समाधान कर सकते हैं।

विशेष : इन पत्रों में अधिकतर पाठक नक्शा भेजते समय, मकान की लंबाई–चौड़ाई, मुख्य द्वार, दरवाजे, खिड़कियां, ड्राइंग रूम, किचन, टॉयलेट बाथरूम, भूमिगत पानी का स्रोत इत्यादि का जिक्र करते हैं और उसी आधार पर यहां समाधान बताए गए हैं। लेकिन बहुत कम पत्रों में फर्श व जमीन के ढाल का (फ्लोर लेवल) विवरण होता है, जिसकी किसी भी मकान के वास्तु में महत्वपूर्ण भूमिका होती है। ध्यान रहे, वास्तु विश्लेषण में इस ढाल की अनदेखी बिलकुल नहीं की जानी चाहिए।

समस्या : मैं गृहलक्ष्मी पत्रिका में आपके लेख हमेशा पढ़ती हूं। अब मैं एक नया फ्लैट लेने वाली हूं। कृपया नक्शा देखकर बताने का कष्ट करें की उसमें किस तरह के परिवर्तन की आवश्यकता है और कहां? साज–सज्जा के बारे में भी बताएं। मुझे लगता है फ्लैट का ईशान कोण कटा हुआ है।

साधना सिंह, जमशेदपुर, बिहार

समाधान : आपके द्वारा भेजे हुए नक्शे में कहीं भी दिशा निर्देश नहीं है। बिना दिशा ज्ञान के आपको किसी भी प्रकार की वास्तु संबंधी सलाह दे पाना मुश्किल है।

जैसा कि आपने लिखा है जो फ्लैट आप लेने वाली हैं उसका ईशान

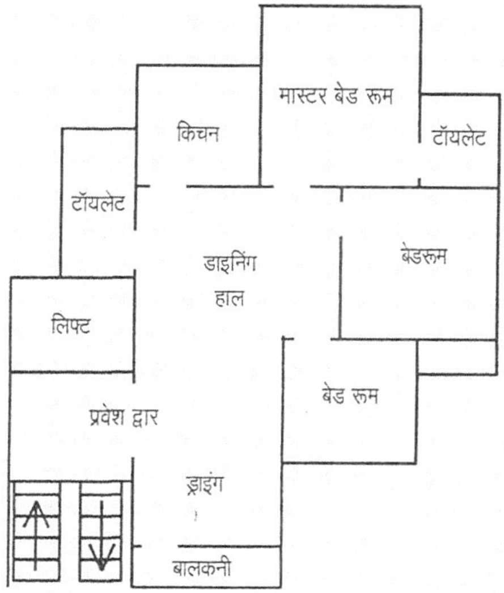

साधना सिंह के घर का नक्शा

कोण कटा हुआ है। किसी भी भवन चाहे, निवास, ऑफिस, फ्लैट, मंदिर, दुकान या होटल हो का ईशान कोण कटा हुआ होना शुभ नहीं होता है। ऐसे स्थान पर निवास करने वाले हमेशा शारीरिक व मानसिक व्याधियों एवं आर्थिक कष्ट से पीड़ित रहते है। उपरोक्त नक्शा देखने के बाद मेरी यही सलाह हैं कि इस फ्लैट को खरीदना एक गलत निर्णय होगा। क्योंकि यह पूर्णतः अनियमित आकार का फ्लैट है जो कि किसी भी तरह से शुभ नहीं होगा।

समस्या : मैं यह फ्लैट लेना चाहती हूं, इसका वास्तु कैसा है। इस फ्लैट में किस तरह से सामान व्यवस्थित किया जाए। कृपया मार्गदर्शन कर अपना अमूल्य सुझाव दें।

सुश्री उर्मिला खत्री, दिल्ली।

समाधान : आपने फ्लैट का जो नक्शा भेजा है जो अनियमित आकार के फ्लैट का नक्शा है जिसका ईशान कोण कटा हुआ है। किसी भी भवन का ईशान कोण का कटा हुआ होने से वहां रहने वालो के जीवन में आर्थिक, शारीरिक व मानसिक सभी प्रकार की परेशानियां आती हैं।

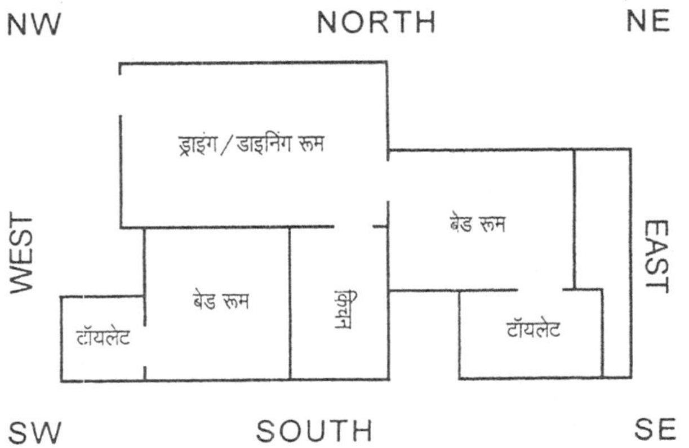

उर्मिला खत्री के घर का नक्शा

इस फ्लैट का नैऋत्य कोण टॉयलेट बनने के कारण बढ़ गया है जो इस फ्लैट में रहने वाले पुरुषों को विशेष रूप से परेशान करता रहेगा।

इस नक्शे को देखने के बाद मेरी सलाह यही है कि यदि आप अपने पुराने मकान में सुखी हैं, तो इस नए फ्लैट में रहने बिलकुल ना जाएं। यही समझदारी होगी।

समस्या : मैंने गृहलक्ष्मी पत्रिका में एक "जब आप फ्लैट खरीदें" लेख पढ़ा। पढ़ने के बाद घर का अध्ययन किया तो पाया कि जिन स्थितियों के लिए आपने "कदापि न करें" या "अत्यंत अशुभ" लिखा था। हमारे यहां विद्यमान है। हमने इस बारे में नहीं सोचा और गृह निर्माण कर डाला। हमारे घर में पहले दो Earning Member थे अब एक भी नहीं है। मेरे पिताजी की असमय लंबी बीमारी के कारण मृत्यु हो गई। कृपया वास्तुदोष निवारण के लिए सुलभ सस्ते उपाय बताएं।

प्रीतमसिंह, जयपुर, राजस्थान

समाधान : आपके मकान में निम्न वास्तुदोष है जो आपकी समस्याओं का कारण है।

आपके मकान में वायव्य कोण में बोरिंग है। इसी बोरिंग के कारण आर्थिक नुकसान हो रहा है।

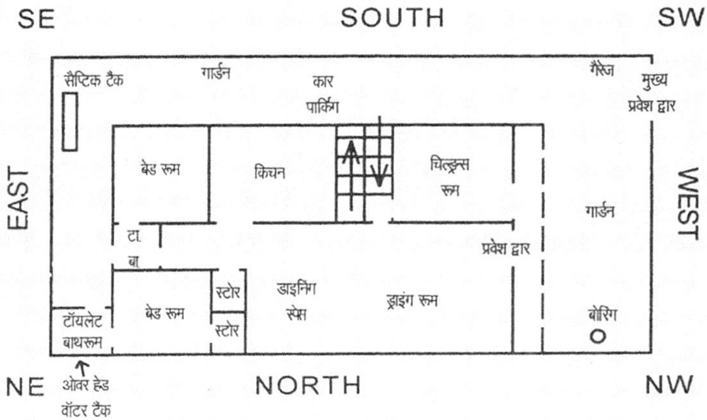

प्रीतम सिंह जी के घर का नक्शा

ईशान कोण में टॉयलेट बाथरूम हैं। इससे ईशान कोण ढक भी गया है। इस कारण स्वास्थ्य संबंधी कष्ट आते हैं एवं परिवार का पैसा फ्लश होता रहता है।

मुख्य द्वार पश्चिम नैॠत्य कोण में है, जो कि निवास करने वाले पुरुषों को आर्थिक, मानसिक व शारीरिक कष्ट देता है।

पश्चिम नैॠत्य कोण में मुख्य द्वार हो, ईशान कोण ढंका हुआ हो, वायव्य कोण में भूमिगत पानी का स्रोत हो तो, वहां रहने वाले पुरुष असमय मृत्यु के शिकार होते हैं जो कि आपके पिताजी के साथ हुआ है।

उत्तर पूर्व की तुलना में दक्षिण पश्चिम ज्यादा खुला है, यह भी बहुत अशुभ है।

कृपया निम्न परिवर्तन करें।

ईशान कोण के टॉयलेट बाथरूम को पूरी तरह से तोड़ दें और यहां पर भूमिगत पानी स्रोत बनाएं। बोरिंग, कुआं अथवा टंकी बनवाएं।

जहां बोरिंग है उसे पूर्णतः मिट्टी डालकर बंद कर दिया जाए। पश्चिम वायव्य में घर का मुख्य प्रवेश द्वार बनाया जाए।

पश्चिम नैॠत्य का प्रवेश द्वार दीवार खड़ी करके बंद कर दिया जाए।

खुले हुए दक्षिण व पश्चिम दिशा वाले भाग को निर्माण करके ढका जाए या वृक्षारोपण कर दिया जाए।

विश्वास करता हूं, इन परिवर्तनों से निश्चित बहुत राहत मिलेगी व आपका जीवन सुखद एवं सरल हो जाएगा।

समस्या : मैंने नया फ्लैट लिया है जिसका नक्शा आपको भेज रहा हूं। कृपया ले-आउट देखकर उचित सलाह एवं उपाय बताएं?

राकेशकुमार शर्मा, नई दिल्ली

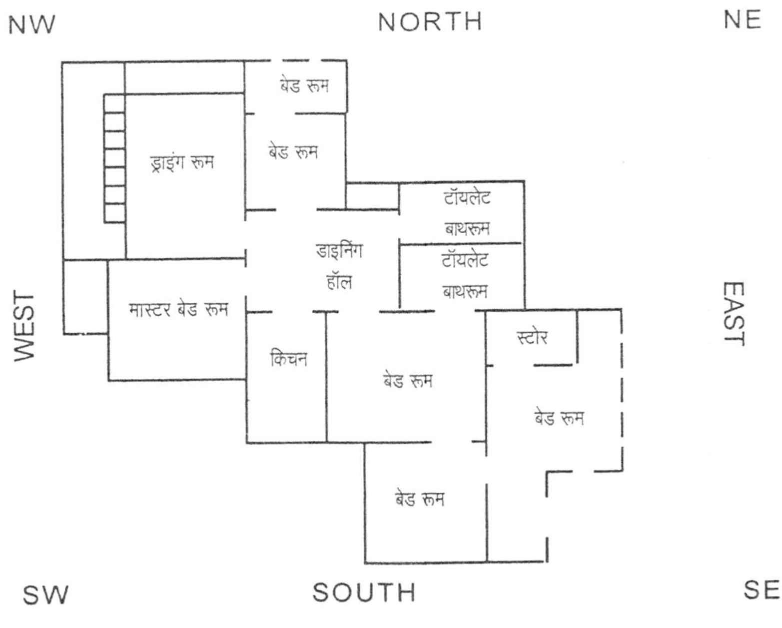

राकेश कुमार शर्मा जी के घर का नक्शा

समाधान : आपके भेजे हुए ले आउट में कई महत्वपूर्ण वास्तुदोष हैं।

आपका फ्लैट अनियमित आकार का बना है। जिसमें ईशान कोण कटा हुआ है। ईशान कोण में ही टॉयलेट व बाथरूम है। वास्तु सिद्धांतों के अनुसार ईशान कोण का कटा, दबा या गोल होना अत्यंत अशुभ होता है। ईशान कोण

में टॉयलेट या बाथरूम होने से पैसा फ्लश होता है घर में हमेशा किसी का स्वास्थ्य खराब रहता है। इस दोष को दूर करने के लिए वास्तुशास्त्र या फेंग शुई दोनों में कोई वैकल्पिक उपाय उपलब्ध नहीं है। अच्छे भविष्य के लिए इस फ्लैट में जाकर रहने का इरादा त्यागना ही समझदारी होगी। अतः इसे बेच दें।

समस्या : व्यापार विषयक उन्नति और धन लाभ में कमी है तथा हम हमेशा किसी न किसी समस्या में फंस ज़ाते हैं और मानसिक अशांति बनी रहती है। हमारी समस्या की जड़ में अगर कोई वास्तु की खामी है तो बताएं। कृपया सुधारने का तरीका भी बताएं।

मनोज जी, झांसी, उत्तरप्रदेश

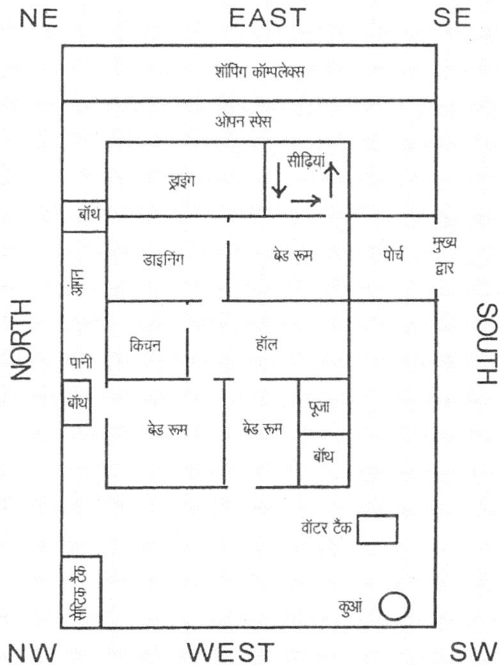

मनोज जी के घर का नक्शा

समाधान : आपकी समस्या का कारण पश्चिम नैॠत्य में बना कुआं एवं दक्षिण में बना वॉटर टैंक है। वास्तु सिद्धांत के अनुसार नैॠत्य कोण एवं

दक्षिण दिशा में किसी प्रकार का भी गड्ढा आर्थिक कष्ट, मानसिक कष्ट, शारीरिक कष्ट, आकस्मिक दुर्घटनाएं इत्यादि सब प्रकार की समस्याएं पैदा करता है। सबसे पहले इन दोनों को मिट्टी भरवाकर बंद कर दें। पश्चिम वायव्य में बना सैप्टिक टैंक भी मिट्टी डालकर बंद कर दें व नया सैप्टिक टैंक उत्तर दिशा में जहां आंगन लिखा है वहां बनाएं।

आपके भवन का उत्तर ईशान कोण पर निर्माण कार्य न होने से कटा हुआ है। यह एक महत्वपूर्ण वास्तुदोष है। या तो आप इस दिशा में बाथरूम के पास ड्राइंग रूम बढ़ाकर ठीक कर लें या यहां कोई छोटा–सा कमरा बनाकर पूजा घर बना लें।

यदि आप उत्तर–पूर्व अर्थात् ईशान कोण में ओपन स्पेस वाले स्थान पर भूमिगत पानी का स्रोत जैसे बोरिंग या कुएं का निर्माण करें तो यह अत्यंत लाभदायक होगा।

इस परिवर्तन से आपकी लगभग 80 प्रतिशत परेशानियां समाप्त हो जाएंगी और आपका जीवन पहले से बेहतर, सुखद एवं सरल हो जाएगा।

समस्या : हमें ऐसा लगता है कि जितनी हमारी योग्यता है हमारे परिवार को उससे आधी भी सफलता नहीं मिली। घर में किसी को मानसिक शांति नहीं है। किस तरह हम इस मकान में सुखी रह सकते हैं एवं तरक्की कर सकते हैं। मकान से जुड़ा हिस्सा पड़ोसी हमें बेचने को तैयार हैं क्या इसे खरीदने से लाभ होगा। कृपया मार्गदर्शन करें।

श्री यशपाल सिंह खनुजा, बरवाला, हरियाणा

समाधान : आपके मकान में निम्न वास्तुदोष हैं। जो आपकी समस्याओं का कारण है।

आपका मकान का आकार सीढ़ीनुमा है जिसका मुख्य द्वार आग्नेय कोण में है। मकान का पूर्व का भाग कटा हुआ है यह सभी स्थितियां पूर्णतः वास्तु के विपरीत हैं। यही आपके परिवार की तरक्की में रुकावट एवं समस्याओं का कारण है।

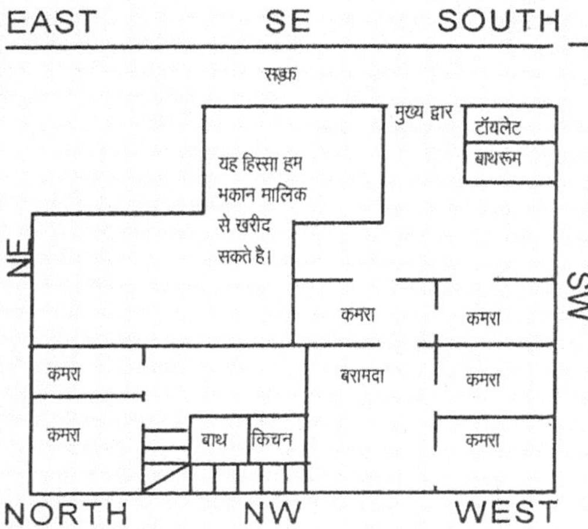

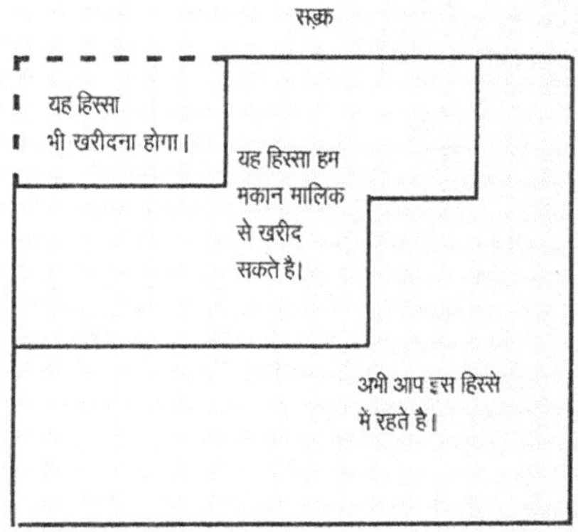

श्री यशपाल सिंह खनुजा के घर का नक्शा **संशोधित नक्शा**

जैसा कि आपने लिखा है कि, घर के पास का हिस्सा लेकर जोड़ा जा सकता है लेकिन उससे भी कोई लाभ नहीं होगा क्योंकि जोड़ने के बाद भी पूर्व दिशा का भाग तो कटा ही रहेगा।

हां, यदि आप संशोधित नक्शे के अनुसार पूर्व के कोने वाला भाग भी इसमें खरीदकर जोड़ सकें और जोड़े हुए भाग पर मुख्य द्वार बनाएं तो आपकी सभी समस्याएं समाप्त हो जाएंगी और यदि नहीं जोड़ सकते हैं तो इस घर को छोड़कर कहीं और जाकर रहना ही अच्छे भविष्य के लिए उचित होगा।

समस्या : मेरे पास एक प्लॉट है। मैं उस पर जुड़वां भवन बनाने की सोच रहा हूं। आपके पास नक्शा भेंज रहा हूं। आपसे निवेदन है कि अपने वास्तु दृष्टिकोण से देखते हुए यदि कोई बड़ी त्रुटि दिखाई देती हो तो कृपया बताने का कष्ट करें।

संजीव कुमार अग्रवाल, फरुक्खाबाद, उ.प्र.

समाधान : आपके द्वारा भेजा गया जुड़वां घर का नक्शा देखने पर स्पष्ट होता है कि आपका प्लॉट ईशान कोण पर कटा हुआ है। दक्षिण नैऋत्य बढ़ा हुआ है। इस कारण प्लॉट का आकार पंखेनुमा हो गया है।

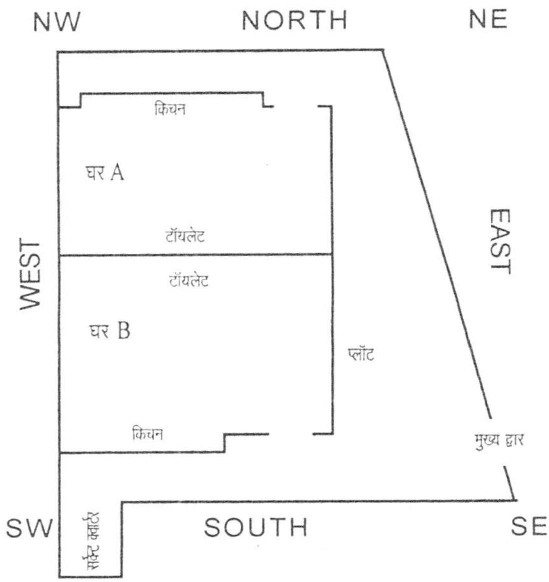

संजीव कुमार अग्रवाल जी के घर का नक्शा

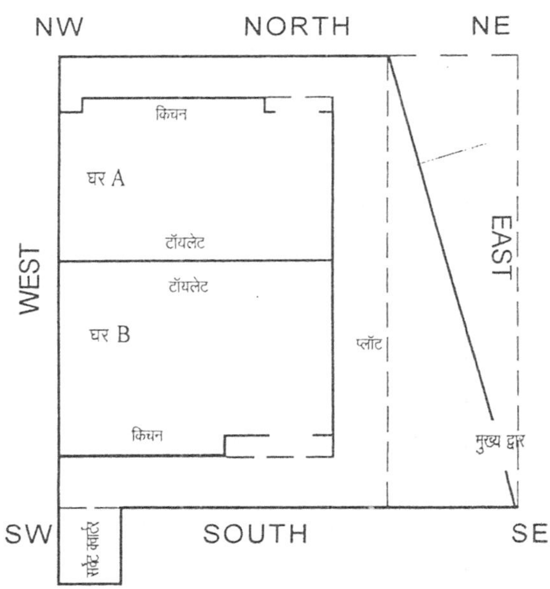

संशोधित नक्शा

आपने एक कंपाउंड वॉल के अंदर जुड़वां घर का नक्शा बनवाया है। अतः इन दोनों घरों को एक वास्तु मानकर निरीक्षण करना होगा। नक्शे में मुख्य द्वार पूर्व आग्नेय में दर्शाया गया है। भवन के मध्य में टॉयलेट एवं एक किचन उत्तर में व दूसरा दक्षिण में दर्शाया गया है। यह सभी अत्यंत महत्वपूर्ण वास्तुदोष हैं। इस नक्शे के अनुसार यदि मकान बनेगा तो वहां रहने वालो का जीवन दुर्भर हो जाएगा। इन घरों में रहने वाले परिवारों पर आर्थिक, मानसिक व शारीरिक सभी प्रकार के कष्ट आएंगे। आकस्मिक दुःखद घटनाएं भी घट सकती हैं।

आपको चाहिए कि संशोधित नक्शे के अनुसार सबसे पहले प्लॉट ठीक करें। इसके लिए दक्षिण नैऋत्य का बढ़ा हुआ भाग दीवार बनाकर अलग कर दें। पूर्व ईशान में जगह खरीदकर कंपाउंड वॉल को आगे बढ़ाएं या पूर्व आग्नेय में जगह छोड़कर बराबर करें और उसके बाद वास्तु अनुरूप घर का निर्माण करें। भवन में पूर्व ईशान और पूर्व आग्नेय कोने में जो कटाव दिखाया गया है उसे भी ठीक करें।

आपको प्लॉट को वास्तु अनुरूप बनाने में प्लॉट की थोड़ी जगह का त्याग करना होगा।

समस्या : पैसा पास में रुकता नहीं है या यह मानें कि पैसा बेमतलब खर्च हो जाता है और पैसे की तंगी बहुत होती है, और साथ में अनाज पर भी बहुत खर्च होता है। क्या इस समस्या का कोई सरल उपाय है?

विजय पाटिल, नागपुर, महाराष्ट्र

समाधान : आपके द्वारा भेजा पत्र पढ़ा एवं नक्शा देखा आपके मकान में निम्नलिखित वास्तुदोष है।

कंपाउंड वॉल एवं भवन का मुख्य द्वार गलत जगह बने हैं। भवन के अंदर सभी दरवाजे भी गलत लगे हैं। इस कारण घर में विवाद और कलह होते हैं। अतः संशोधित नक्शे के अनुसार दरवाजों का स्थान बदल कर सही जगह करें।

किचन के लिए सबसे उपयुक्त स्थान आग्नेय कोण होता है। द्वितीय वरीयता पश्चिम होता है पर पश्चिम में एक ही दिक्कत होती है कि अनाज की

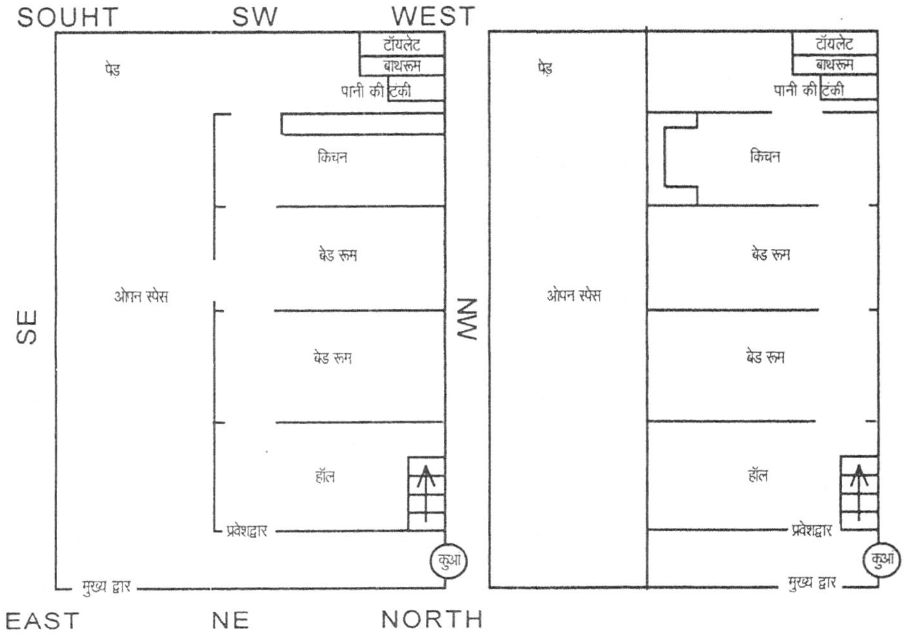

विजय पाटिल जी के घर का नक्शा   संशोधित नक्शा

खपत व दुरुपयोग बहुत होता है जो आपके यहां हो रहा है। आपके पश्चिम दिशा में स्थित किचन में गृहिणी दक्षिण मुखी होकर भोजन बनाती हैं। संशोधित नक्शे के अनुसार यदि यह व्यवस्था आप पूर्व मुखी कर दें तो घर में समृद्धि होगी।

आपके मकान का ओपन स्पेस पूर्व से लेकर दक्षिण व पश्चिम में खुला स्थान है जो कि, वास्तु की दृष्टि से शुभ नहीं होता है। अतः संशोधित नक्शे अनुसार दीवार बनाकर उस खुले हुए भाग को अलग कर दें।

विश्वास करता हूं इन परिवर्तनों से घर के विवाद एवं कलह एकदम कम हो जाएंगे। परिवार में मानसिक शांति आएगी ओर आर्थिक स्थिति सुधरेगी।

समस्या : मैं नया फ्लैट खरीद रहा हूं जिसका नक्शा संलग्न है कृपया बताएं कि क्या यह फ्लैट वास्तु अनुरूप है या नहीं। इसे खरीदा जा सकता है या नहीं। निरंजन शाह, दिल्ली

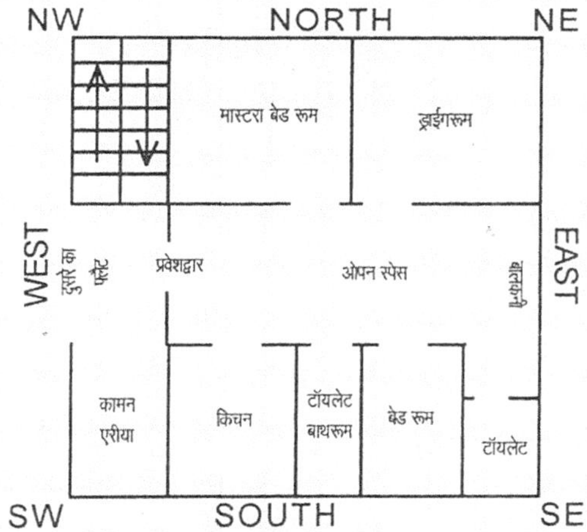

निरंजन शाह जी के घर का नक्शा

समाधान : आपने फर्स्ट फ्लोर पर बने एक फ्लैट का नक्शा भेजा है जिसे आप खरीदना चाहते हैं। मैंने दिल्ली में पचासों फ्लैट देखे हैं। बिल्डर प्लॉट की एक–एक इंच जगह का उपयोग करने के लालच में वास्तु अनुकूल फ्लैट नहीं बनाते हैं। इसी कारण 90 प्रतिशत फ्लैट वास्तु सिद्धांतों के अनुसार नहीं बने होते हैं। परंतु आपने जो नक्शा भेजा है वह 100 प्रतिशत वास्तु अनुकूल तो नहीं हैं फिर भी काफी अच्छा बना हुआ है। तैयार फ्लैट इतने अच्छे कम मिलते हैं। अतः वास्तु की दृष्टि से अच्छा है इसलिए खरीदा जा सकता है।

समस्या : मैं अपने फ्लैट का नक्शा भेज रही हूं। क्या यह वास्तु के हिसाब से सही है, वैसे यह किराये का है। पर इसमें कुछ फेर–बदल किया जाना चाहिए क्या? क्योंकि यहां हमें आए हुए अभी छः महीने ही बीते हैं। लेकिन मुझे मानसिक अशांति रहती है, आर्थिक स्थिति 4–5 साल से ज्यों कि त्यों है कोई भी तरक्की नहीं है। कृपया हमें सही रास्ता दिखाएं।

श्रीमती विद्या अग्रवाल, चेन्नई

समाधान : आपके फ्लैट में केवल एक ही महत्वपूर्ण वास्तुदोष है कि, रसोईघर उत्तर दिशा में है। जिस कारण आपको मानसिक अशांति रहती है।

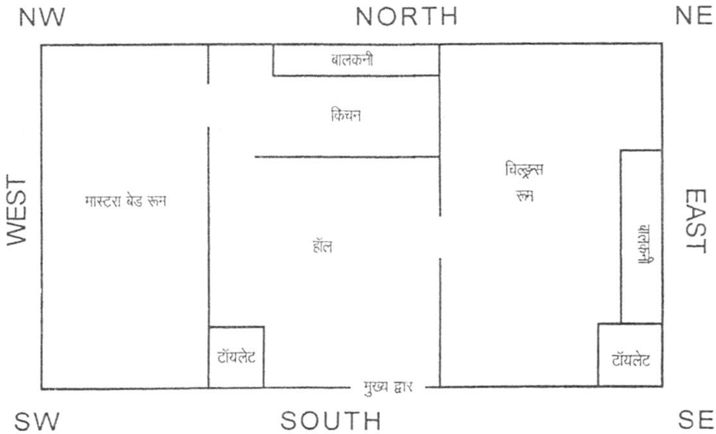

श्रीमती विद्या अग्रवाल के घर का नक्शा

वास्तु की दृष्टि से किराये का यह फ्लैट अच्छा ही है। आर्थिक तरक्की न होने का कारण आपका भाग्य हो सकता है, इस फ्लैट का वास्तु नहीं।

समस्या : मेरा एक्सपोर्ट का बहुत अच्छा काम था। एक साल पहले जब से हमने अपना एक्सपोर्ट ऑफिस इस नए मकान को खरीदकर शिफ्ट किया है तभी से कई प्रकार की परेशानियों में घिर गए हैं। एक तो ओवरसीज का पेमेंट सही नहीं आ रही है, ऊपर से सरकारी विभाग भी काफी परेशानी पैदा कर रहे हैं। पैसे का भी बहुत नुकसान हो रहा है। यहां आने के बाद से ऑफिस का लेडिज स्टाफ भी खराब स्वास्थ्य के कारण छुट्टी पर ज्यादा रहने लगा है जिससे ऑफिस के काम का बहुत नुकसान हो रहा है। कृपया आप बताएं कि हमारे ऑफिस के भवन में क्या खराबी है? बिजली के लिए जनरेटर कहां लगाना है?

सुमन सौरव, मुंबई

समाधान : आपके द्वारा भेजा ऑफिस का नक्शा देखने पर निम्नलिखित वास्तुदोष नजर आ रहे हैं जो आपकी समस्याओं का कारण बनी है।

आपका मुख्य द्वार एवं सीढ़ियां सही जगह पर नहीं हैं। इसे पश्चिम से हटाकर उत्तर में संशोधित नक्शे के अनुसार बनवाएं।

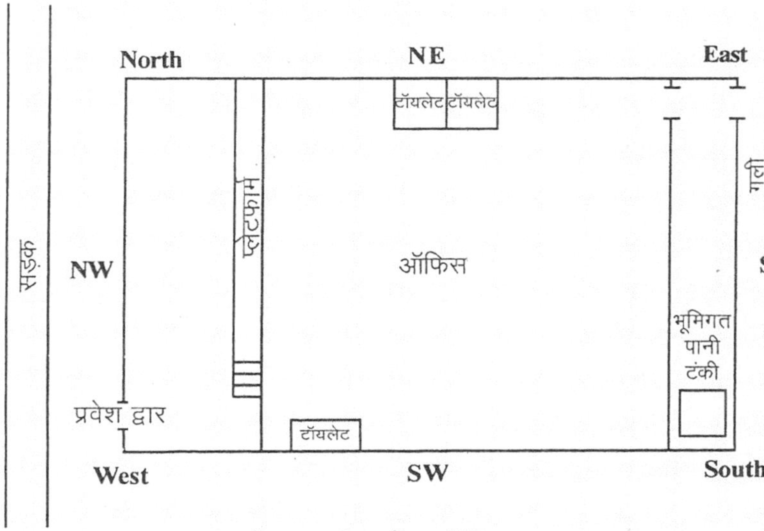

सुमन सौरव जी के ऑफिस का नक्शा

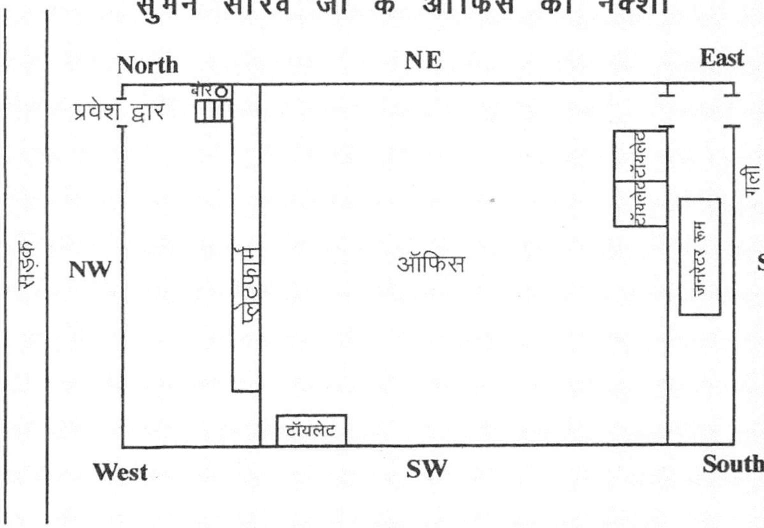

संशोधित ऑफिस का नक्शा

भूमिगत पानी की टंकी दक्षिण में बनी है जो कि एक महत्वपूर्ण वास्तु दोष है। यह आर्थिक कष्ट का कारण तो है ही साथ ही यहां कार्य करने वाली महिलाओं के स्वास्थ्य पर भी इसका कुप्रभाव पड़ता है। इस कारण वे छुट्टी

पर रहती हैं। इस टंकी को मिट्टी डालकर बंद कर दें और एक नया बोरिंग संशोधित नक्शे अनुसार उत्तर ईशान में बनाएं।

आपके ईशान कोण में दो टॉयलेट हैं जो स्वास्थ्य संबंधी परेशानियां के साथ–साथ पैसा भी फ्लश करते हैं। इन्हें यहां से हटा दें व पूर्व में नया बना लें। जनरेटर आग्नेय कोण के ओपन स्पेस में दोनों दीवार छोड़कर बनाएं।

उम्मीद करता हूं इन परिवर्तनों के बाद आपकी समस्याएं समाप्त हो जाएंगी व आपका जीवन सुखद एवं सरल हो जाएगा।

समस्या : हमारा मल्टी स्टोरी बिल्डिंग के फर्स्ट फ्लोर के फ्लैट में गारमेंट इंडस्ट्री का ऑफिस है। यहां हमें आए लगभग 8 महीने हुए हैं। जब से यहां ऑफिस शुरू किया है तभी से कारोबार में भयंकर नुकसान हो रहा है। हमारे स्टॉफ के साथ छोटी–मोटी दुर्घटनाएं घट रही हैं। हर दुर्घटना में सभी को छोटी–मोटी चोटें आई हैं। क्या हमारे ऑफिस का वास्तु खराब है?

–अशोक कुमार वर्मा, दिल्ली

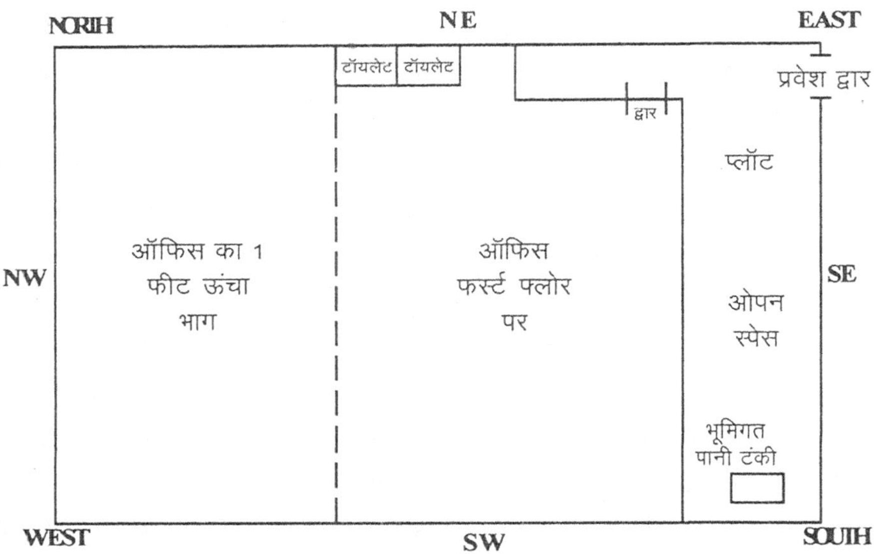

अशोक कुमार वर्मा के ऑफिस का नक्शा

समाधान : आपके ऑफिस के फ्लैट का NE से लेकर NW और SW का लगभग आधा भाग लगभग 1 फीट ऊंचा उठा हुआ है।

ग्राउंड फ्लोर पर दक्षिण में भूमिगत पानी की टंकी है।

आपके ऑफिस में NE में दो टॉयलेट हैं।

NE और East में ऑफिस का भाग कटा हुआ है।

उपरोक्त वास्तु दोषों के कारण आपके सम्मुख यह सब समस्याएं आ रही हैं। NE में टॉयलेट होने से पैसा फ्लश होता है। NE और East में कटा होने के कारण विभिन्न प्रकार की परेशानियां आती हैं।

दक्षिण में भूमिगत पानी की टंकी और ऑफिस के फ्लैट का 1 फोट उठा हुआ भाग पैसे के नुकसान के साथ–साथ दुर्घटना का कारण भी बनता है जो आपके साथ हो रहा है।

मल्टी स्टोरी के फ्लैट में कॉलम, बीम पर बने होते हैं अतः मुख्य द्वार, सीवरेज पाइप इत्यादि हटा पाना या इधर–उधर कर पाना मुश्किल काम होता है। इस कारण फ्लैट में तोड़–फोड़ करना असंभव होता है। इसलिए इस स्थान को शीघ्रताशीघ्र छोड़कर इसके बुरे परिणामों से बचना ही बेहतर होगा।

समस्या : आपको अपने फ्लैट का नक्शा भेज रही हूं। दो साल पहले इस फ्लैट को खरीद कर रहने आए हैं। यहां आने के बाद जिंदगी परेशान–सी हो गई है। एक बार आग से नुकसान भी हो चुका है। अनावश्यक खर्चों के कारण सिर पर कर्जा भी बहुत चढ़ गया है। नौकरी में भी अस्थिरता नजर आ रही है। यदि मेरे फ्लैट के अंदर कोई दोष हो तो कृपया सुझाव दें।

पारुल शर्मा, साहिबाबाद, उ.प्र.

समाधान : आपके फ्लैट में निम्नलिखित वास्तुदोष हैं जो आपकी समस्याओं का कारण है।

आपकी मल्टी की बिल्डिंग के मध्य में बेसमेंट बना हुआ है जो ऊपर फ्लैट्स में रहने वाले सभी परिवारों की आर्थिक स्थिति को प्रभावित कर रहा है।

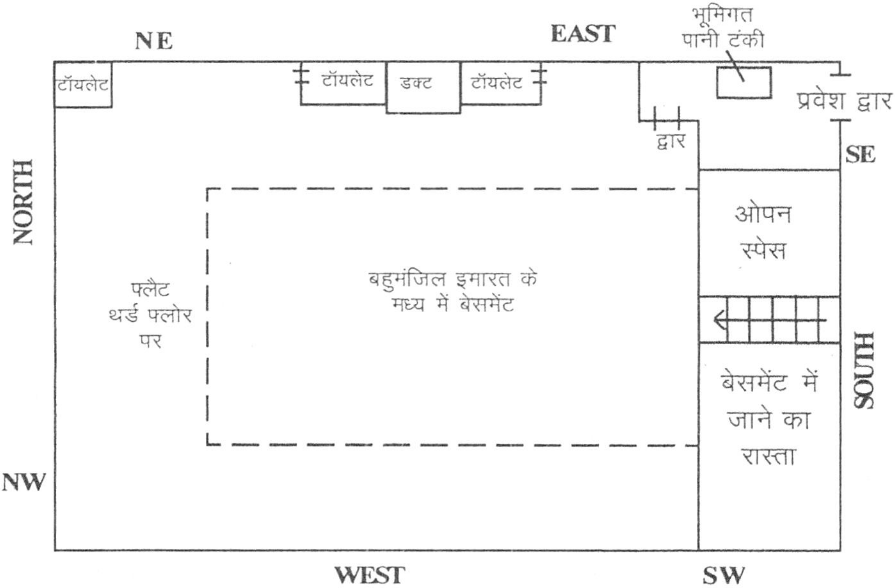

पारुल शर्मा के फ्लैट का नक्शा

आपके आग्नेय कोण में भूमिगत पानी की टंकी है। आग्नेय कोण की भूमिगत पानी की टंकी कई बार आग लगने का कारण बनती है।

ईशान कोण में दो टॉयलेट बने हुए हैं जो आपका पैसा फ्लस कर रहे हैं। दोनों टॉयलेट के मध्य में डक्ट है इससे आपके फ्लैट का पूर्व का भाग कटा हुआ है। यह सभी महत्वपूर्ण वास्तुदोष हैं जिन्हें तोड़–फोड़ कर सुधारे बिना ठीक नहीं किया जा सकता है।

मल्टी स्टोरी के फ्लैट कॉलम, बीम पर बने होने के कारण मुख्य द्वार, टायलेट, बाथरूम, सीवरेज पाइप्स इत्यादि हटा पाना या इधर–उधर कर पाना मुश्किल काम होता है। इस कारण फ्लैट में तोड़–फोड़ करना असंभव है। मेरी सलाह तो यही है कि आप यह फ्लैट छोड़कर कहीं और वास्तु अनुकूल फ्लैट में रहने चली जाएं, ये आपके सुखद भविष्य के लिए सही निर्णय होगा।

समस्या : हमने डेढ़ वर्ष पूर्व कॉल सेंटर शुरू किया है पर उचित सफलता नहीं मिल पा रही है। अभी तक तो कमाने की जगह हम अपनी जेब से ही पैसा लगा रहे हैं। हम भागीदारों में विवाद भी शुरू हो गए हैं। कृपया उचित सलाह दें। अभय ठुकराल, दिल्ली

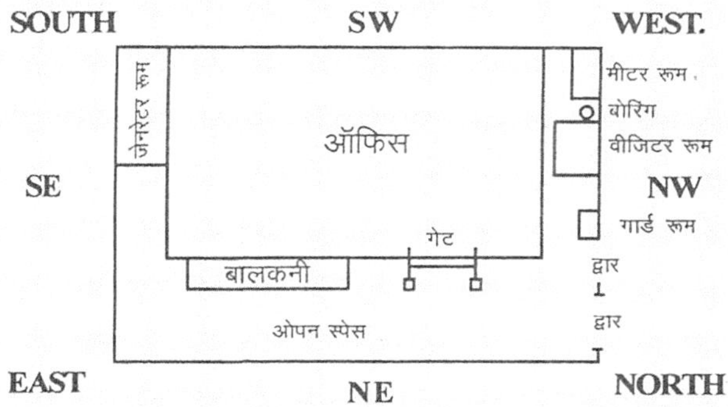

अभय ठुकराल के कॉल सेंटर का नक्शा

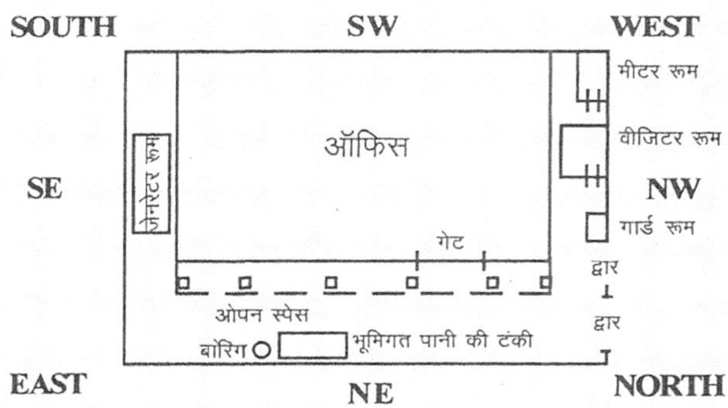

अभय ठुकराल के कॉल सेंटर का संशोधित नक्शा

समाधान : आपके कॉल सेंटर में निम्नलिखित वास्तुदोष हैं। इनका संशोधित नक्शे के अनुसार सुधार कीजिए, निश्चित लाभ होगा।

आपके सेंटर में पश्चिम वायव्य में बोरिंग है जो विवाद का कारण है। इसे बंद करके पूर्व ईशान में बनाएं। साथ ही पूर्व ईशान में भूमिगत पानी की टंकी भी बनाएं।

दक्षिण में टीन का बना जेनरेटर रूम है। इसमें थोड़ा परिवर्तन कर संशोधित नक्शे अनुसार बनाएं।

भवन के उत्तर में स्थित मुख्य द्वार में एक स्टेप एवं दो स्तंभ होने के कारण कुछ हिस्सा बढ़ गया है। इस कारण ईशान कोण बढ़ गया है। अतः इस स्टेप को तोड़ दें व जो दो पिलर बने हुए हैं उस टाइप के चार स्तंभ और बनाएं जिससे ऊपर की बालकनी पूरी लंबाई में बन सके।

वास्तु जिज्ञासाओं का समाधान

प्रश्न : क्या वास्तुशास्त्र केवल हिन्दू धर्म मानने वालो के लिए है?

उत्तर : नहीं! वास्तुशास्त्र पृथ्वी पर रहने वाले सभी प्राणियों के लाभ के लिए भारतीय ऋषि मुनियों द्वारा बनाया गया है। चाहे वह किसी भी धर्म, संप्रदाय या नस्ल के हों, यह उन सब पर समान रूप से लागू होता है।

प्रश्न : पृथ्वी अपनी धूरी पर घूमती हुई सूर्य की परिक्रमा करती है। अर्थात् पृथ्वी स्थिर नहीं है। ऐसे में वास्तु की प्रासंगिकता क्या है?

उत्तर : यह सही है कि पृथ्वी अपनी धूरी पर घूमती हुई सूर्य की परिक्रमा करती है, साथ ही हमारा पूरा सौरमंडल भी आकाशगंगा में अनंत की ओर तेजी से दौड़ रहा है। रेलगाड़ी के कई डिब्बे पटरी पर एक साथ दौड़ते हैं तथा डिब्बों के गतिशील होने पर भी अंदर रखा सामान स्थिर रहता है। गति अचानक कम या ज्यादा होने पर ही सामान में अस्थिरता पैदा होती है जिससे हमारा सामान इधर–उधर बिखर जाता है। इसी प्रकार पृथ्वी अपनी धूरी पर प्रारंभ से ही एक निश्चित गति के साथ ही घूम रही है जिस कारण सभी स्थूल चीजें अपनी जगह स्थिर हैं। वास्तुशास्त्र का मूल आधार विश्वव्यापी पंच तत्त्व पृथ्वी, जल, अग्नि, वायु और आकाश है। इन्हीं पांच तत्त्वों के अनुरूप घर को बनाना, सजाना, संवरना ही वास्तु कहलाता है।

प्रश्न : सामान्य मनुष्य को कैसे ज्ञात हो कि उसका घर वास्तु अनुरूप है या नहीं?

उत्तर : यदि किसी नए घर में प्रवेश करने से पूर्व या पुराने घर के नवीनीकरण के पहले, यदि जीवन सुखद चल रहा हो, घर में शांति हो, कारोबार ठीक चल रहा हो और इस परिवर्तन के बाद जीवन दूभर हो जाए, घर में अशांति पैदा हो जाए, कारोबार में घाटा होने लगे, स्वास्थ्य ठीक नहीं रहता हो, तो समझ लेना चाहिए कि यह नया घर या यह

नवीनीकरण वास्तु विपरीत है।

प्रश्न : यदि घर में वास्तुदोष होने के बाद भी सुख–शांति हो, क्या तब भी वास्तुदोष निवारण अनिवार्य है?

उत्तर : नहीं। यह सही है कि जब भाग्य अनुकूल होकर प्रबल होता है, तब वास्तुदोष का अहसास नहीं होता है। लेकिन जब भाग्य की अनुकूलता समाप्त हो जाती है, तब वास्तुदोष प्रबल होकर जीवन में उथल–पुथल मचा देते हैं। परंतु जब तक भाग्य अनुकूल चल रहा हो तब तक वास्तु में किसी प्रकार की फेरबदल की कोई आवश्यकता नहीं होती है। हम डॉक्टर के पास तभी जाते हैं, जब हम बीमार होते हैं। स्वस्थ व्यक्ति कभी भी डॉक्टर के पास नहीं जाता है। यदि रोजमर्रा के जीवन में विभिन्न प्रकार की परेशानियां आने लगें, ऐसी परिस्थिति में ही वास्तुदोष का निवारण करवाना चाहिए।

प्रश्न : क्या वास्तु का प्रभाव स्त्रियों व पुरुषों पर अलग–अलग पड़ता है?

उत्तर : हां! वास्तु में पूर्व ईशान, उत्तर ईशान, पश्चिम वायव्य और पश्चिम नैऋत्य का क्षेत्र पुरुषों का प्रतिनिधित्व करता है। आग्नेय, दक्षिण, दक्षिण नैऋत्य और उत्तर वायव्य का क्षेत्र स्त्रियों का प्रतिनिधित्व करता है। वास्तु की शेष दिशाएं स्त्री एवं पुरुषों को समान रूप से प्रभावित करती हैं।

प्रश्न : क्या सिर्फ पूर्व मुखी या उत्तर मुखी भूखंड ही बास्तु अनुरूप होते हैं?

उत्तर : नहीं! चारों दिशाएं प्रकृति की देन हैं। किसी भी दिशा की तरफ मुख्य द्वार रखकर वास्तु अनुरूप निर्माण किया जा सकता है लेकिन वास्तुशास्त्र के नियमानुसार सूर्य की प्रातःकालीन जीवनदायी ऊर्जा का अधिक से अधिक लाभ लेने के लिए उत्तर और पूर्व दिशा में ज्यादा खुली जगह छोड़नी चाहिए व दोपहर के बाद की सूर्य की नकारात्मक किरणों के संपर्क में कम से कम आएं इसलिए दक्षिण और पश्चिम दिशा में कम जगह छोड़नी चाहिए। इस कारण दक्षिण व पश्चिममुखी

मकान के सामने वाले भाग में गार्डन व वाहन खड़े करने के लिए पर्याप्त जगह नहीं रह पाती है। इसलिए पूर्व मुखी और उत्तर मुखी भूखंड को ज्यादा अच्छा माना जाता है।

प्रश्न : क्या वास्तु केवल ग्राउंड फ्लोर पर रहने वाले लोगों पर लागू होता है?

उत्तर : वास्तु का प्रभाव ग्राउंड फ्लोर पर रहने वालो पर शत–प्रतिशत पड़ता है। क्योंकि इस शास्त्र का जमीन से ज्यादा संबंध है। जमीन पर ही भूमिगत जल स्रोत, बाग–बगीचे, मुख्य द्वार, जमीन का ऊंचा–नीचा होना, जमीन का आकार इत्यादि होते हैं। जैसे–जैसे ऊपर की मंजिल पर जाते हैं। वैसे–वैसे वास्तु पर जमीन का प्रभाव कम होता जाता है। अन्दाजन 8 वें, 10 वें फ्लोर पर जाकर इसका प्रभाव 80–90 प्रतिशत ही रह जाता है।

प्रश्न : क्या चीनी वास्तुशास्त्र फेंग शुई की सहायता से भी वास्तु दोष दूर किए जा सकते हैं?

उत्तर : हां! फेंग शुई का सिद्धांत है, जहां समस्या है, वहां उसका समाधान भी है। परंतु छोटे–छोटे वास्तुदोष निवारण में ही फेंग शुई की उपयोगिता ज्यादा है।

प्रश्न : भारतीय वास्तुशास्त्र एवं चीनी वास्तुशास्त्र फेंगशुई में क्या समानता हैं ?

उत्तर : जिस प्रकार आयुर्वेद, होम्योपैथी, एलोपैथी, यूनानी इत्यादि सभी चिकित्सा पद्धतियों का उद्देश्य मनुष्य के स्वास्थ्य को ठीक करना है, उसी प्रकार वास्तुशास्त्र और फेंग शुई दोनों शास्त्र किसी भी भवन के आकार, अनुपात, दिशा तथा आसपास के वातावरण में पर्यावरण के साथ सामंजस्य बनाए रखने की भारत व चीन की प्राचीन कला है।

प्रश्न : क्या वास्तुशास्त्र के सिद्धांत सिर्फ भारत में व फेंग शुई के सिद्धांत सिर्फ चीन में लागू होते हैं?

उत्तर : नहीं! वास्तुशास्त्र और फेंग शुई के सिद्धांत समूचे विश्व में समान रूप से लागू होते हैं क्योंकि यह शास्त्र सूर्य की किरणों एवं पृथ्वी पर बहने

वाली चुंबकीय तरंगों पर आधारित है, जो मनुष्य द्वारा निर्धारित की गई, किसी भी देश की सीमा से प्रभावित नहीं होते हैं।

प्रश्न : क्या वास्तुशास्त्र एवं फेंग शुई दोनों का प्रयोग किसी वास्तु में एक साथ किया जा सकता है?

उत्तर : हां! वास्तुशास्त्र एवं फेंग शुई इन दोनों शास्त्रों का प्रयोग एक साथ करना बहुत अधिक लाभदायक रहता है। इन दोनों शास्त्रों का प्रयोग अनुभवी व जानकार वास्तुशास्त्री की सलाह पर ही करना चाहिए।

प्रश्न : यदि किसी व्यक्ति के पास एक से अधिक संपत्ति हो उस स्थिति में वास्तु का प्रभाव किस प्रकार पड़ेगा?

उत्तर : यदि किसी व्यक्ति के पास एक से अधिक संपत्ति हो, तो वह संपत्ति जिसका उपयोग वह अपने रहने या व्यवसाय के लिये करता है, उसके वास्तु का प्रभाव उसके जीवन पर पड़ता है। जो संपत्ति उसने किसी दूसरे को उपयोग के लिये दे रखी हो, तो उस संपत्ति का प्रभाव उस दूसरे व्यक्ति पर पड़ेगा, जो उसका उपयोग कर रहा है। जो संपत्ति स्वामी के स्वयं के उपयोग में नहीं आ रही है उस संपत्ति से संबंधित आर्थिक लाभ–हानि या उस पर किसी प्रकार के विवाद का प्रभाव उसके स्वामी पर पड़ता है।

प्रश्न : यदि किसी व्यवसायी के एक से अधिक व्यवसायिक स्थल हो तो, उनके वास्तु का प्रभाव किस प्रकार पड़ता है?

उत्तर : यदि किसी व्यवसायी के एक से अधिक व्यवसायिक स्थल हो तो, वह व्यवसायिक स्थल जो वास्तुअनुकूल होगा, वह व्यवसायी को अच्छा आर्थिक लाभ देगा जहाँ व्यापार सफलतापूर्वक बिना परेशानियों के सुचारु रूप से चलेगा। इसके विपरीत जो व्यवसायिक स्थल वास्तुअनुकूल नहीं होगा वहाँ उस व्यवसायिक स्थल के दोषों के अनुसार व्यवसायी को अपने व्यापार में परेशानियों का सामना करना पड़ेगा।

प्रश्न : हमारे देश में मकानों की समस्या है अधिकांश लोग ऐसे मकानों में रहते है जिसके परिवार के सभी सदस्यों के लिये व्यक्तिगत कमरे नहीं होते हैं बल्कि एक या दो कमरों में ही परिवार के सदस्य रहते हैं, सोते है व अपना कार्य करते हैं।

अतः ऐसी परिस्थिति में कैसा समाधान हो?

उत्तर : छोटे मकान में या एक कमरे के मकान को पूर्ण वास्तु मानते हुए उस कमरे की साज–सज्जा वास्तु नियमों के अनुसार करना लाभदायक होता है। जैसे कमरे के आग्नेय कोण में चूल्हा, ईशान कोण में पानी रखा जाये, नैऋत्य कोण में अलमारी रखी जाये।

विस्तार से जानने के लिये लेखक द्वारा लिखित पुस्तक "आंतरिक साज–सज्जा वास्तु एवं फेंगशुई" में एक लेख, "एक कमरे की आंतरिक साज–सज्जा और वास्तु" पढ़ें।

प्रश्न : यदि परिवार का कोई युवा सदस्य घर से बाहर रहकर दूसरे शहर में अध्ययन करने जाता है, तो क्या उसके घर के वास्तुदोषों का प्रभाव उसके कैरियर पर पड़ेगा?

उत्तर : नहीं! दूसरे शहर में जिस कमरे या स्थान में रहकर वह युवा अध्ययन करता है, वहाँ के वास्तु का प्रभाव उसके कैरियर पर पड़ेगा।

प्रश्न : क्या घर के आगे गाय बांधने से या तुलसी का पौधा लगाने से वास्तुदोष का निवारण होता है?

उत्तर : बिलकुल नहीं! यह सही है कि गाय की उपयोगिता को देखते हुए हम गाय को मां के समान दर्जा देते हैं। गाय बांधना, गाय के गोबर से घर लीपना, घर को गौ मूत्र से धोना यह हमारी धार्मिक आस्थाएं हैं। इसी प्रकार तुलसी के औषधीय गुणों के कारण हम तुलसी की पूजा करते हैं। यह भी हमारी धार्मिक आस्था है। वास्तुशास्त्र विज्ञान है। अतः वास्तुदोष निवारण में ऐसे किसी भी प्रकार की धार्मिक आस्था से जुड़े कृत से कोई लाभ नहीं होता है।

प्रश्न : क्या वास्तु अनुरूप घर में बिना किसी प्रकार का परिवर्तन किए स्वतः वास्तुदोष उत्पन्न हो सकता है?

उत्तर : हां, बहुत से ऐसे परिवर्तन होते हैं जो हम नहीं करते पर आस–पास घटित होते रहते हैं जिसके कारण वास्तु अनुरूप घर में बिना किसी परिवर्तन के वास्तुदोष उत्पन्न हो जाता है। जैसे–ईशान कोण में लगे छोटे–छोटे पौधे जब दस–पंद्रह साल में वृक्ष बन जाते हैं तब ईशान

कोण के भारी होने के साथ–साथ बड़े वृक्षों के कारण प्रातःकालीन सूर्य की जीवनदायी किरणें बाधित होने लगती हैं जिससे एक महत्वपूर्ण वास्तुदोष उत्पन्न हो जाता है। घर के उत्तर या पूर्व में ऊंची सड़क या पुल बन जाने से या घर के दक्षिण या पश्चिम में बड़े नाले का निर्माण हो जाने से वास्तुदोष उत्पन्न हो जाता है, इत्यादि। ऐसे कई कारण होते हैं जो वास्तु अनुरूप भवनों में वास्तुदोष पैदा कर देते हैं।

प्रश्न : क्या वास्तुदोष निवारण यंत्र लगाने से कुछ लाभ होता है?

उत्तर : बिलकुल नहीं! वास्तुशास्त्र के प्रथम ग्रंथ से लेकर, 1995 से पूर्व छपे किसी भी वास्तुशास्त्र के ग्रंथ में इस प्रकार के किसी भी यंत्र का वर्णन नहीं है। यह वास्तुदोष निवारण यंत्र केवल तथाकथित लालची वास्तुशास्त्रियों द्वारा भोली–भाली जनता को लूटने के लिए बनाया गया है। जो बहुत ज्यादा दाम लेकर लगाया जाता है। वास्तुदोष निवारण यंत्र लगाने से एक प्रतिशत लाभ भी नहीं होता है।

प्रश्न : क्या वास्तु दोष ढूंढने का कोई यंत्र बाजार में उपलब्ध है ?

उत्तर : नहीं! जिन ऋषि–मुनियों ने वास्तुशास्त्र की खोज की उन्होंने तो कोई ऐसा यंत्र नहीं बनाया या भारत व चीन के किसी भी पुराने ग्रंथ में इस प्रकार के यंत्र का वर्णन नहीं मिलता है। कुछ वास्तुशास्त्री लोगों को लूटने के लिए पर्यावरण एवं मानवीय तंत्र की ऊर्जा को मापने के लिए प्रयोग में आने वाला 'लेकर एंटिना' नामक यंत्र का उपयोग वास्तुदोष ढूंढने में करते हैं।

प्रश्न : क्या वास्तुशास्त्र की एक दो पुस्तक पढ़कर स्वयं अपने घर का वास्तु दोष दूर कर सकते हैं?

उत्तर : नहीं! वास्तुशास्त्र पढ़ने में बड़ा सरल लगता है पर व्यवहार में लाने बड़ा कठीन है। एक दो किताब पढ़कर थोड़े बहुत सामान्य वास्तुदोष तो ठीक किए जा सकते हैं, पर महत्वपूर्ण वास्तुदोष को दूर कर पाना संभव नहीं हो पाता है। अल्पज्ञान वाले तो सामान्य व महत्वपूर्ण वास्तुदोष में फर्क ही नहीं कर पाते हैं, अतः योग्य विद्वान वास्तुशास्त्री से परामर्श लेना ही लाभप्रद रहता है।

अंत में

कई वर्षों के सफल वास्तु परामर्श के अनुभवों के बाद मैंने वास्तु एवं फेंग शुई के विभिन्न पहलुओं पर आठ पुस्तकें लिखी हैं ताकि इन पुस्तकों का अध्ययन कर आप अपने निवास स्थान या व्यावसायिक स्थल को वास्तु अनुरूप बना सकें, या उनमें परिवर्तन कर सुख शांति एवं समृद्धि भरा जीवन व्यतीत कर सकें।

मैंने अनुभवों में पाया है कि दुनिया के किसी भी कोने में, जीवन के किसी भी क्षेत्र में, कोई सफल है तो उसका निवास स्थान या व्यावसायिक स्थल वास्तु अनुरूप अवश्य होता है। यदि वहां थोड़ा–सा भी वास्तुदोष होता है तो उस वास्तु दोष से होने वाले कुप्रभाव को उन्हें अपने जीवन में अवश्य भुगतना भी पड़ता है।

आम लोगों में भ्रांति है कि, वास्तु अनुरूप भवन निर्माण करना बहुत महंगा होता है, जगह बर्बाद होती है। परंतु यह बात पूर्णतः गलत है। सच तो यह है कि वास्तु अनुरूप भवन बनाना सस्ता पड़ता है और जगह की बर्बादी बिलकुल ही नहीं होती है। देखा जाए तो एक–एक इंच जगह का उपयोग सही तरीके से होता है। वास्तु अनुरूप छोटा मकान भी बड़ा–बड़ा व खुला हुआ नजर आता है।

मैंने अपनी पुस्तकों में वास्तु का सम्पूर्ण लाभ लेने के लिए कई सिद्धांत बताए हैं यदि आप उन सभी का पालन करने में असमर्थ हैं तो भी मेरा आपसे अनुरोध है कि सुखद एवं सफल जीवन के लिए कम से कम नीचे लिखे वास्तु के मात्र तीन महत्वपूर्ण सिद्धांतों का अनुसरण करें। इन तीनों का महत्त्व इस प्रकार समझें कि, जैसे परीक्षा में 100 नंबर का प्रश्न पत्र है तो, यह तीन अनिवार्य प्रश्न 20–20 नंबर के हैं, बाकि सब प्रश्न 1–1, 2–2 नंबर के हैं। इस प्रश्न पत्र में एक विशेष बात ध्यान देने योग्य है कि, यदि तीनों में से किसी भी एक प्रश्न का उत्तर गलत है तो, उसका ऋणात्मक मूल्यांकन हो जाता है।

1. किसी भी भूखंड या भवन का ईशान कोण NE ढका, दबा, कटा, घटा, गोल नहीं होना चाहिए और नैऋत्य कोण SW कभी बढ़ा हुआ नहीं होना चाहिए।

2. भूमिगत पानी का स्रोत जैसे कुआं, बोरिंग, टंकी, सैप्टिक टैंक इत्यादि या अन्य किसी भी प्रकार का गड्ढा, जमीन व फर्श का ढाल केवल उत्तर, ईशान व पूर्व दिशा में ही होना चाहिए। इसके अलावा किसी और दिशा में नहीं होना चाहिए। ध्यान रहे कि सैप्टिक टैंक ईशान कोण में कभी नहीं बनाना चाहिए। सैप्टिक टैंक उत्तर या पूर्व दिशा में ही बनाना चाहिए।
3. चहारदीवारी एवं भवन का मुख्य द्वार पूर्व ईशान, दक्षिण आग्नेय, पश्चिम वायव्य और उत्तर ईशान में कहीं भी रखा जा सकता है परंतु मुख्य द्वार कभी भी पूर्व आग्नेय, दक्षिण नैऋत्य, पश्चिम नैऋत्य या उत्तर वायव्य में नहीं होना चाहिए। विशेष – दक्षिण नैऋत्य या पश्चिम नैऋत्य में किसी भी स्थिति में प्रवेश द्वार नहीं होना चाहिए।

   यदि वास्तु में इन तीन सिद्धांतों का पालन किया जाए तो यकीन मानिए की आपका वास्तु प्रथम श्रेणी में आ सकता है।

यदि किसी भवन में उपरोक्त तीनों में से कोई भी एक वास्तुदोष है, तो निश्चित है कि उसमें रहने वालो का जीवन सुखद हो ही नहीं सकता। यदि आज किसी का भाग्य प्रबल है, तो हो सकता है उसे अभी अहसास न हो, पर जब भाग्य साथ देना बंद करेगा, तब यह वास्तुदोष उसके जीवन में दुःखद एवं भयंकर परेशानियां पैदा कर सकते हैं।

उपरोक्त तीनों वास्तुदोषों को बिना तोड़–फोड़ के ठीक करना असंभव है। इन दोषों को दूर करने के लिए आप कितने ही पिरामिड, श्रीयंत्र, घंटियां, क्रिस्टल बॉल या अन्य फेंग शुई की सामग्री लगा लें, वास्तु शांति करा लें, पूजा–पाठ, टोने–टोटके, यंत्र, तंत्र, मंत्र का उपयोग कर लें, सब समय व पैसा बर्बाद करने वाली बातें हैं।

यदि आप किसी वास्तुदोष के कारण परेशान हैं या नया भवन निर्माण करना चाहते हैं, तो किसी योग्य, अनुभवी वास्तुशास्त्री की सलाह पर ही अमल करें। अच्छे वास्तुशास्त्री को उचित फीस देने में संकोच बिलकुल न करें। ध्यान रहे सच्चे, योग्य व अनुभवी वास्तुशास्त्र के जानकार का परामर्श शुल्क अधिक ही होता है, जो आपको सलाह के अलावा और कुछ देते भी नहीं हैं। जैसे पिरामिड, श्रीयंत्र या अन्य वस्तुएं। पर उनसे मिलने वाले परामर्श का लाभ उनके परामर्श शुल्क से हजारों गुना ज्यादा कीमती होता है, जो आपके जीवन में सुख–शांति, समृद्धि लाता है।

द नेबुला इंटरनेशनल स्कूल ऑफ वास्तु साइन्स

अंतर्राष्ट्रीय ख्यातिप्राप्त वास्तुविद् श्री कुलदीप सलूजा द्वारा वास्तु–फेंग शुई के विभिन्न विषयों पर लिखी गई आठ पुस्तकों को अंतर्राष्ट्रीय स्तर पर पाठकों द्वारा न केवल सराहना मिली है, बल्कि उनकी लोकप्रियता भी तेजी से बढ़ी है।

श्री सलूजा ने, हजारों वर्षों के अनुसंधान के बाद ऋषि–मुनियों द्वारा प्रदत्त वास्तु ज्ञान एवं चीन के विद्वानों द्वारा खोजे गये पांच हजार वर्ष पुराने चीनी वास्तुशास्त्र फेंग शुई के गहन अध्ययन, मनन और अनुसंधानात्मक कार्यों से अपनी एक विशिष्ट पहचान स्थापित की है। देश और विदेश की यात्रा के दौरान अनेक प्रकार की शंकाओं का समाधान प्रश्नोत्तर के माध्यम से किया है। वहीं वे इस क्षेत्र में वास्तु शिक्षा, शिक्षार्थियों और शिक्षकों के निर्माण के प्रति भी कृतसंकल्प हैं ताकि, यह ज्ञान–विज्ञान ज्यादा–से–ज्यादा लोगों तक पहुँच सके। इसी वास्तु शिक्षा के क्रियान्वयन हेतु उनके द्वारा पत्राचार पाठ्यक्रम शुरू किया जा रहा है। इस पत्राचार पाठ्यक्रम के माध्यम से इस क्षेत्र में रुचि रखने वाले विश्व भर के जिज्ञासु शिक्षार्थी न केवल ज्ञानवान बनेंगे बल्कि वे अपने प्राप्त ज्ञान से वास्तुविद् बनकर आर्थिक उपार्जन कर एक स्वतंत्र, सम्मानजनक जीवन भी जी सकेंगे।

कई पाठकों से प्राप्त पत्रों में वास्तु सीखने एवं इसी क्षेत्र में अपना कैरियर बनाने की इच्छा व्यक्त की गई थी। इसी इच्छा का सम्मान करते हुए श्री सलूजा द्वारा "The NEBULA International School of Vaastu Science" की स्थापना की गई है। संस्था द्वारा वास्तु–फेंग शुई का विश्वस्तरीय पत्राचार पाठ्यक्रम (Correspondence Course) प्रारम्भ किया गया है। इस पाठ्यक्रम की सामग्री को श्री सलूजा द्वारा वास्तु–फेंग शुई के 20–22 वर्षों के व्यक्तिगत व्यावहारिक अनुभव के आधार पर इस प्रकार तैयार किया गया है जिसमें आप घर बैठे वास्तुशास्त्र के वैज्ञानिक रहस्यों को न केवल जान पाएंगे बल्कि उनसे दूसरों की शंका का समाधान भी अच्छे ढंग से कर सकेंगे।

श्री सलूजा के अनुसार इस पाठ्यक्रम को करने के बाद शिक्षार्थी विश्व में कहीं भी किसी भी प्रकार के मकान, दुकान, फ्लैट, ऑफिस, विवाह परिसर, फैक्टरी, इंडस्ट्री, फार्म हाउस, कृषि–भूमि, शापिंग कॉम्पलेक्स, मल्टी स्टोरी, टाउनशिप इत्यादि के छोटे–बड़े किसी भी प्रकार के वास्तुदोषों का निवारण सफलतापूर्वक कर सकेंगे।

पाठ्यक्रम पर आधारित पत्राचार सामग्री समय–समय पर प्रशिक्षुओं को डाक द्वारा भेजी जाएगी। श्री सलूजा द्वारा शिक्षार्थियों से प्राप्त सामग्री (असाइनमेन्ट) का मूल्यांकन करने के बाद परीक्षा परिणाम से अवगत कराया जाएगा और परीक्षा में उत्तीर्ण (न्यूनतम 75 प्रतिशत अंक प्राप्त करना आवश्यक है) शिक्षार्थियों की व्यावहारिक कार्यशाला आयोजित कर उन्हें प्रमाण–पत्र प्रदान किए जाएंगे। इस कार्यशाला में श्री सलूजा द्वारा उत्तीर्ण शिक्षार्थियों को व्यावहारिक

मार्गदर्शन और अन्य महत्वपूर्ण जानकारियाँ उपलब्ध कराई जाएंगीं। यह पाठ्यक्रम कम–से–कम छः माह व अधिक–से–अधिक एक वर्ष में पूरा किया जा सकता है।

वास्तु–फेंग शुई पाठ्यक्रम में प्रवेश लेने की प्रक्रिया

जो व्यक्ति इस पाठ्यक्रम में भाग लेना चाहते हैं उन्हें सादे कागज पर अपना नाम, पता, टेलीफोन/मोबाइल नं., इत्यादि के साथ पाठ्यक्रम की फीस के रूप में 20,000/– रुपये का बैंक ड्राफ्ट आवेदन पत्र के साथ भेजना होगा। ड्राफ्ट "The NEBULA International School of Vaastu Science" के नाम पर Payable at UJJAIN होना चाहिए।

भारत से बाहर विदेश में रहने वाले प्रशिक्षुओं के लिए शिक्षण शुल्क US $1000 रखा गया है। शिक्षण शुल्क एक ही बार में देना होगा। जिसमें किसी प्रकार की इंस्टालमेन्ट की सुविधा नहीं है। आवेदन पत्र एवं बैंक ड्राफ्ट रजिस्टर्ड डाक से इस पते पर भेजें।

The NEBULA International School of Vaastu Science
Billoo & Billoo, Freeganj, UJJAIN - 456 010 INDIA

पाठ्यक्रम के बारे में विस्तृत जानकारी प्राप्त करने के लिये इन नम्बरों पर सम्पर्क कर सकते हैं:

Mobile : 09425091601
Phones : 0091 - 734 - 2513229, 2520068
Fax : 0091 - 734 - 2513842
E-Mail: kuldeep@vaastuguru.com
billoo@sancharnet.in
Website : www.vaastuguru.com

आवेदन पत्र एवं फीस की राशि का बैंक ड्राफ्ट मिलने के बाद ही रजिस्ट्रेशन किया जाएगा व परिचय–पत्र, पाठ्य सामग्री एवं वास्तु किट भेजी जाएगी। पाठ्यक्रम सामग्री कुरियर या डाक द्वारा समय–समय पर भेजी जाएगी।

लेखक से वास्तु संबंधी व्यावसायिक परामर्श

वास्तुविद् श्री कुलदीप सलूजा, उज्जैन शहर के प्रसिद्ध व्यवसायी संस्थान "Billoo & Billoo" Group के संचालक एवं अनुभवी वास्तु सलाहकार हैं।

सामान्यतः देखने में आता है कि छोटे-छोटे वास्तुदोषों के कारण कई निर्माण कार्य आधे-अधूरे रह जाते हैं या निर्माण के दौरान ही अनेक प्रकार की समस्याएं उत्पन्न हो जाती हैं। किसी मकान या फ्लैट में जाकर रहने के बाद उस परिवार में आर्थिक, मानसिक व शारीरिक कष्ट या परिवार में दुःखद हादसे शुरू हो जाते हैं। व्यावसायिक दृष्टि से बनाई गई आधुनिक सुख-सुविधाओं से सुसज्जित मल्टी स्टोरी बनकर तैयार है परन्तु कोई खरीदने को तैयार नहीं है। इसके अतिरिक्त ऐसी कई समस्याएं; जैसे अच्छी चलती दुकान का विस्तार करने या नया फर्नीचर बनाने के बाद व्यापार एकदम ठप्प हो गया है। नया शॉपिंग कॉम्पलेक्स बनने के बाद दुकानें नहीं बिकने से उजाड़ पड़ी हुई हैं। नई दुकान में कारोबार शुरू किया पर ग्राहकी नहीं होने से वह निरन्तर घाटे में चल रही है। फैक्टरी बन कर तैयार है, परन्तु प्रोडक्शन शुरू नहीं हो पा रहा है या फैक्टरी शुरू तो हो गई परन्तु घाटे में चल रही है। ऐसी अनेक समस्याएं समय-समय पर उत्पन्न हो जाती हैं।

यदि आप भी ऐसी किसी समस्या से परेशान हैं और अपने मकान, दुकान, फ्लैट, ऑफिस, विवाह परिसर, फैक्टरी, इंडस्ट्री, फार्म हाऊस, कृषि-भूमि, शापिंग कॉम्पलेक्स, मल्टी स्टोरी, टाउनशिप इत्यादि के वास्तुदोष निवारण के लिए व्यावसायिक परामर्श चाहते हैं अथवा वास्तु अनुरूप नया निर्माण करवाना चाहते हैं तो निम्नलिखित पते व टेलीफोन नंबर पर सम्पर्क कर अपना समय सुनिश्चित कर सकते हैं।

ध्यान रहे, श्री सलूजा बहुत व्यस्त वास्तु सलाहकार हैं। वे भारत के अलावा अन्य कई देशों में भी वास्तु संबंधी सलाह देने जाते रहते हैं। इस कारण वे शीघ्र उपलब्ध नहीं हो पाते हैं।

CONTACT AT

Kuldeep Saluja

The NEBULA International School of Vaastu Science

Billoo & Billoo, Freeganj, UJJAIN - 456 010 INDIA

Mobile : 094250 91601 **Phones :** 0091 - 734 - 2513229, 2520068

Fax : 0091 - 734 - 2513842

E-Mail: kuldeep@vaastuguru.com

billoo@sancharnet.in

Website : www.vaastuguru.com

प्रिय पाठक,

यह पुस्तक आपके सम्मुख पहुंच चुकी है। यह पुस्तक आपको कैसी लगी? वैसे पुस्तक में त्रुटियां होना संभव है। मगर कोशिश यही रही कि पाठकों को वास्तु पर सारगर्भित जानकारी दी जाए। अगर कोई त्रुटि रह गई हो या आपका कोई अमूल्य सुझाव हो तो कृपया मुझे जरूर लिखकर भेजें। मै आपका अत्यंत आभारी रहूंगा। मैं अगले संस्करण में उसे सुधारने का प्रयास करूंगा। मुझे आपके पत्रों का इंतजार रहेगा।

– कुलदीप सलूजा

फ्लैट और ऑफिस

आज के महानगरीय जीवन में फ्लैट और ऑफिस का खासा महत्त्व है क्योंकि एक महानगरीय व्यक्ति का लगभग सारा समय फ्लैट और ऑफिस में ही गुजरता है। इसलिए फ्लैट या ऑफिस का निर्माण वास्तु एवं फेंग शुई अनुरूप ही करना चाहिए, क्योंकि सकारात्मक ऊर्जा का प्रभाव उनके जीवन के साथ–साथ उनकी कार्यक्षमता पर भी पड़ता है। सुख–समृद्धि से भरा जीवन जीने के लिए विद्वान लेखक ने इस पुस्तक में वास्तु एवं फेंगशुई पर अचूक उपायों का वैज्ञानिक अध्ययन प्रस्तुत किया है। इस पुस्तक में कई वास्तु सम्मत ऐसी जानकारियां हैं, जो जन साधारण के अतिरिक्त भवन निर्माता, आर्किटेक्ट एवं वास्तुविदों के लिये लाभकारी सिद्ध होगी।

भवन निर्माण

इसमें कोई शक नहीं भवन निर्माण एक कला है लेकिन इस कला के साथ वास्तु एवं फेंग शुई का जब प्रयोग करते हैं तब भवन की पवित्रता, भव्यता व सकारात्मक ऊर्जा उस भवन के साथ जुड़ जाती है। अगर आप नया मकान या भवन निर्माण के विषय में सोच रहे हों तब अवश्य वास्तु अनुरूप भवन निर्माण के विषय में सोचें। इस पुस्तक में विख्यात लेखक ने भवन निर्माण में वास्तु एवं फेंग शुई की उपयोगिता का वैज्ञानिक अध्ययन प्रस्तुत करने की चेष्टा की है। जिससे यह पुस्तक भवन निर्माताओं के लिये अत्यंत उपयोगी सिद्ध होगी।

उत्तम स्वास्थ्य

सबसे बड़ा धन उत्तम स्वास्थ्य होता है अगर आप स्वस्थ हैं तो दुनिया में सब कुछ पा सकते हैं। दुनिया के किसी भी कोने में आवासीय भवन, दुकान, कार्यालय, कारखाना, देवालय, विद्यालय, अस्पताल इत्यादि वास्तुशास्त्र के नियमों के विपरीत बने हों तो, वहां पर निवास करने वाले स्वस्थ नहीं रह सकते।

वास्तु का माध्यम कोई औषधि नहीं है अपितु प्रकृति में व्याप्त सकारात्मक ऊर्जा का अधिक से अधिक लाभ लेकर स्वस्थ रहने के लिये उस भवन का वास्तुअनुरूप होने से है। विद्वान लेखक ने स्वास्थ्य संबंधी परेशानियों के निराकरण हेतु वास्तु एवं फेंगशुई के अचूक सुझाव इस पुस्तक में सुझाये हैं। इस पुस्तक में ऐसे लेख हैं, जिनमें अनेक रोगों के कारण व निवारण पर चर्चा की गई है।

आंतरिक साज–सज्जा

अगर आप घर को बाहर से सजाते हैं, लेकिन अन्दर से कैसे भी रखते हों तो यह गलत है। जितना जरूरी घर को बाहर से सजाना है उससे कहीं ज्यादा जरूरी है घर को अंदर से सजाना क्योंकि जिस घर में आप निवास करते हैं उसकी आंतरिक साज–सज्जा आपके अन्दर सकारात्मक ऊर्जा के साथ–साथ आपके विकास में सहायक बनती है। परिवार की सुख–शान्ति एवं समृद्धि के लिये यदि आप वास्तु एवं फेंग शुई के माध्यम से घर की आंतरिक साज–सज्जा करते हैं तो निश्चित ही इसमें आपको सफलता मिलेगी। वास्तु एवं फेंग शुई द्वारा गृह सज्जा में वैज्ञानिक, तार्किक सौन्दर्य प्रस्तुत करना इस पुस्तक की विशेषता है।

विवाह एवं कैरियर

विवाह हो या कैरियर, दोनों में चुनाव की जरूरत पड़ती है। चुनाव किस आधार पर करें उसके लिए आपकी रुचेयां और प्राथमिकताएं जिम्मेदार होती हैं, लेकिन इन रुचियों और प्राथमिकताओं का मिलान जब आप वास्तु एवं फेंग शुई के साथ जोड़कर करेंगे तो इस क्षेत्र में आपको सफलता की अपार संभावनाएं मिलेंगी। सुखी विवाहित जीवन और विद्यार्थियों के उज्ज्वल भविष्य में वास्तु/फेंग शुई कैसे खुशहाली और समृद्धि ला सकता है, इस पुस्तक में उसका तर्कसंगत और वैज्ञानिक अध्ययन प्रस्तुत किया गया है।

प्लॉट

अच्छा प्लॉट चुनने में व्यक्तिगत रुचि और अर्थ सीमा के साथ–साथ वास्तु की नजर भी जरूरी है, उसे नजरअंदाज न करें। वास्तु और फेंग शुई की मदद से आप कैसा प्लॉट खरीदें जो आपके जीवन में सुख–समृद्धि और खुशियां से भर सके, इस विषय पर विद्वान लेखक ने वास्तु एवं फेंग शुई के आधार पर उन अचूक उपायों का वैज्ञानिक अध्ययन इस पुस्तक में प्रस्तुत किया है।

पुस्तकें V.P.P. से मंगवाएं, तीन पुस्तकें एक साथ मंगवाने पर डाक व्यय फ्री। डाक व्यय प्रति पुस्तक 20/-

डायमंड पाकेट बुक्स, X-30, ओखला इंडस्ट्रियल एरिया, फेज-II, नई दिल्ली-110020
फोन : 011-51611861-65, फैक्स : 011-51611866
E-mail : sales@diamondpublication.com Website : www.diamondpocketbooks.com